제2판

생애 첫 논문 완성을 위한 31가지

논문 작성 연습

제2판

생애 첫 논문 완성을 위한 31가지

논문 작성 연습

이윤진 지음

한국문화사

머리말

『생애 첫 논문 완성을 위한 31가지 논문 작성 연습』은 실전 연습을 위한 책이다. 논문을 '어떻게' 써야 하는지를 몸으로 익히는 데 초점을 둔다. 생애 첫 논문 쓰기를 준비 중인 학생 필자, 자기주도적 논문 쓰기를 원하는 예비 필자를 염두에 두고 기획되었다. 대학생, 교육대학원생, 외국인 유학생뿐 아니라 소논문 쓰기에 관심을 둔 중고생들도 어렵지 않게 이해할 수 있도록 배려하였다.

이 책은 논문 쓰기를 배우고 가르치는 교육 현장에서도 유용한 지침이 될 수 있도록 내용과 체계를 고려하였다. 논문 쓰기에 꼭 필요한 핵심 주제를 11부로 구분하고, 자신에게 필요한 부분을 쉽게 찾아 공부할 수 있도록 총 31가지의 Practice로 엮었다. 목차의 순서를 따라도 좋지만 교육 현장에서 느끼는 중요도에 따라 교수/학습 내용을 선별하고 배열할 수 있다.

이 책의 각 장은 <생각해보기>, <이해하기>, <연습하기>의 3단계로 되어 있다. 먼저 <생각해보기>에서 현재 자신의 수준을 점검한 후 <이해하기>에서는 쉽고 간결한 설명으로 논문 쓰기의 핵심을 파악할 수 있도록 한다. 이어서 <연습하기>는 실제 논문 쓰기에 필수적으로 요구되는 역량 강화를 위한 체계적인 연습을 담고 있다.

효율적이고 반복적인 연습을 통해 논문 쓰기 근육을 키워나가는 데에 부디 이 책이 모든 독자에게 도움이 되기를 진심으로 바란다.

추천사

— ㈜무하유 연구윤리교육포털 카피킬러(Copy Killer) 신동호 대표이사

학술적인 글쓰기, 논문 작성과 밀접한 분야에서 지난 8년간 사업을 해오면서 수많은 논문 작성자를 만나보고 이야기를 들었다. 그런데 놀라운 사실 중 하나는 논문 작성자들이 학술적인 글쓰기가 무엇인지 모르고 있다는 것이다. 또한, 어떤 구성요소를 활용하여, 어떤 표현을 사용하여 논문을 완성하는 것이 적절한지 알지 못하는 이가 많았다.

예로, 표절 검사 서비스인 카피킬러의 고객센터에는 "제 논문 이렇게 작성해도 문제되지 않을까요?", "논문에 이런 표현 방법으로 서술해도 괜찮나요?"와 같은 학술적인 글쓰기 방법에 대한 문의가 끊임없이 들어오고 있다. 논문 작성자들은 본인이 작성 중인 글이 옳은 방향으로 가고 있는 것인지에 대한 해답을 구하고 싶어 한다.

『생애 첫 논문 완성을 위한 31가지 논문 작성 연습』을 통해 이런 시행착오가 조금 줄어들 것이다. 그동안 '논문작성법'에 대한 교재는 많았지만, 체계적인 연습을 위해 실질적인 도움을 받을 수 있는 책은 찾기가 쉽지 않았다. 이 책은 단순한 이론서 혹은 개론서가 아니다. 누구나 논문을 작성하면서 겪었을 궁금증, 어려움에 대해 명쾌하게 답하면서 질 높은 논문을 완성할 수 있게 도와줄 것임이 틀림없다.

Contents
차/례

Contents
차/례

1부
학위논문과 소논문

논문이란?

논문은 주관적인 글이 아니라고요?

☑ 논문은 어떤 글일까?

☑ 일상생활에서 자주 접하는 글과 논문은 어떤 차이점이 있을까?

💡 생각해보기

정답 p178

1 다음은 어떤 글입니까? 알맞은 것을 선택해 보세요.

논문	뉴스	신문기사	동화

1) ....

　　한국에서 대학을 졸업하고 해외에서 대학원 석사과정을 밟고 있는 A씨는 최근 과제 제출 과정에서 당황스러운 경험을 했다. 며칠밤을 새워가며 과제용 리포트를 제출했는데 20여명의 학생 중 A씨 홀로 '0점'을 맞았다. 당황한 A씨가 교수에게 확인해보니 '0점'의 이유는 과제 내용이 아니었다. 리포트에서 인용한 논문의 인용 표기가 적절하지 않았던 탓에 '표절 과제'로 분류된 것이었다. A씨는 "단순 인용이 표절로 받아들여질 것이라고는 생각조차 못했다. 한국에서는 그런 교육을 한 번도 받지 못했다"고 하소연했다. (중략)

　　5일 교육 당국에 따르면 한국교육학술정보원(KERIS)는 '초·중등학교 교육을 위한 표절 예방 가이드라인' 개발에 착수했다. 가이드라인 개발을 마친 뒤 교육부를 통해 각 시도 교육청에 배포하고 내년부터 전국 각급 학교에서 저작권 교육을 실시하도록 할 계획이다. 별도로 수업시수를 편성하는 대신 방과 후 수업이나 국어·윤리 등 관련 과목 수업에서 일정 분량의 교육을 의무적으로 진행하도록 하는 방안을 검토하고 있다.*

※ "초중등 '표절 인식' 바닥, 교육당국 나섰다", 《서울경제》, 2018년 7월 5일자. http://www.sedaily.com/NewsView/1S1YTWYLJZ

2) ....

　　교육부가 전국 대학에 '논문 저자 끼워넣기' 3차 실태조사 지시 공문을 내려보냈다고 합니다. 지난 1, 2차 조사에서, 동료 교수나 지인의 자녀 끼워넣는 이른바 '품앗이 등재'

꼼수를 거르지 못했다는 지적에, 이번엔 조사 대상을 교수 자녀뿐 아니라, 미성년 저자 전체로 확대했다는데요. 연구물도 학술대회 발표용 연구논문집까지 조사 대상에 포함됐다고 합니다. (중략)

올해 상반기 4대 금융그룹과 은행이 일제히 순이익 '1조 클럽'을 달성하면서, 지난해에 이어 사상 최대 규모의 실적 잔치를 벌였다고 합니다. 가계 대출이 꾸준히 늘어난데다 금리 상승기가 시작되면서, 예금 금리와 대출 금리의 차이로 발생하는 '이자 이익'이 크게 증가했기 때문이라는데요. '이자 장사'로 돈을 쉽게 번다는 비판이 여전한데다, 최근 은행들이 대출 금리를 부당하게 올려 받는 사례가 잇달아 적발되면서, 금융사들은 사상 최대 성적을 내고도 노심초사하는 모양새라고 신문은 꼬집었습니다.*

* MBC뉴스투데이(2018.7. 25.) http://imnews.imbc. com//replay/2018/nwtoday/ article/4715432_22669.html

3)

한국어 교육 분야에서 교사의 쓰기 피드백에 대한 그간의 논의는 크게 세 가지의 흐름으로 종합해 볼 수 있다. 피드백 방법에 따른 효과(김경령, 2015; 박주현, 2007; 이유림·김영주, 2013; 조윤경·이미지, 2007)를 규명하는 연구, 피드백에 대한 요구 및 인식(김미옥, 2007; 김영규·설수연, 2013; 김지은·이승현, 2013)을 살핀 연구, 바람직한 쓰기 피드백 방안 모색 및 이에 대한 제언(박민신, 2013)에 주안점을 두는 연구가 그것이다.

첫 번째로 피드백 방법에 따른 효과를 다룬 성과들에서 얻을 수 있는 시사점은 오류의 유형에 따라 교사의 피드백도 차별화되어야 한다는 것이다. 그 예로, 문법 오류는 명시적 피드백을 제공했을 때 처음 쓰기와 다시 쓰기에서 가장 유의미한 감소율을 보이므로(박주현, 2007) 문법 오류는 명시적 피드백이 효과적이라는 점, 어휘의 경우 형태적인 오류에는 명시적 피드백을 제공하고 구조적·의미적·전략적 어휘 오류에는 암시적 피드백이 더 바람직하다(이유림·김영주, 2013)는 연구 결과를 들 수 있다. (중략)**

** 이윤진(2016), 학부 교환학생을 위한 쓰기 교과목 운영에서의 교사 피드백 연구, 학습자중심교과교육연구 16-7, p703.

4)

도로시와 친구들은 계속해서 울창한 숲을 걸어 나갔습니다. 노란 벽돌이 깔려 있긴 했지만, 마른 가지와 낙엽들이 수북이 쌓여 있어 걷기가 무척 힘들었습니다.

새들은 따스한 햇살이 쏟아지는 너른 들판을 좋아하는지라 이 숲에는 거의 보이지 않았습니다. 하지만 나무 사이에 숨은 짐승들이 낮게 으르렁대는 소리는 이따금 들렸습니다. 그때마다 도로시는 무슨 소린지 몰라서 가슴이 콩닥콩닥 뛰었습니다. 하지만 토토는 뭔가 낌새를 차렸는지, 짖지도 않고 도로시 옆에 찰싹 달라붙어 걸었습니다.

"얼마나 가야 숲이 끝날까요?"

도로시가 양철 나무꾼에게 물었습니다.

"에메랄드 시는 나도 처음이라 모르겠어요."***

*** L프랭크 바움(2009), 김양미 역, 오즈의 마법사, 인디고, pp74-75.

이해하기

1. 논문의 개념과 특성

✓ 논문은 학술적 글쓰기이다.

    ㄴ 논문은 '창작 기반'의 글쓰기(예: 시, 소설…)와 다르다.

✓ 논문에는 인용이 있다. 자신의 주장에 대한 근거를 반드시 밝혀야 한다.

    ㄴ 논문에 나오는 인명은 곧 그 저자의 글을 인용했다는 의미이다.

✓ 논문은 해당 학문 분야에서 다루어지는 주제에 대해 연구한 결과를 공표하는 글이다.

    ㄴ 논문은 새로운 소식을 생생하게 전달하는 글(예: 신문)과는 다르다.

✓ 논문에서 사용하는 언어에는 일정한 형식과 관습이 있다.

    ㄴ 비격식체보다는 격식체가 어울리며, 구어보다는 문어가 적합하다.

2. 논문과 일기의 차이점

논문은 자신만의 글이 아니다. 학문적 독자를 예상하고 쓰는 글이다. 다음은 논문 쓰기와 일기 쓰기의 차이점을 간략하게 표로 나타낸 것이다.

논문과 일기의 차이점

	논문	일기
독자	• 다른 독자(학문적 독자)를 예상하고 씀 • 공개되는 글	• 자기 자신을 위한 글 • 일반적으로 공개되지 않는 글
객관성	• 객관적인 태도로 쓰는 글임 • 감정이나 기분을 드러내는 것이 아니라 어떤 논점에 대한 의견을 나타내야 함	• 주관적인 글임 • 타인을 의식하지 않으므로 감정이나 기분이 솔직하게 드러나도 됨
즉흥성	• 즉흥적으로 쓸 수 없음 • 학술 자료를 기반으로 체계적인 절차에 따라 쓰는 글임	• 즉흥적으로 쓸 수 있음
형식과 표현	• 논문 쓰기의 형식을 지켜야 함 • 말할 때 쓰는 표현과 구분해야 함	• 형식과 표현을 자유롭게 할 수 있음

연습하기

1 다음은 논문의 일부입니다. 질문에 답해 보세요.

정답 p178

정보화로 인해 사생활 침해, 불건전 정보 유통, 시스템 파괴, 데이터 해킹 및 훼손 등 정보사회의 부작용과 문제점은 날로 증가하고 있다(Beck, 1998). 세계 최고 수준의 우리나라 정보인프라에서 발생한 보안 사고의 피해는 매우 심각하다. '2008년 2월 옥션 1800만명, 2011년 4월 현대캐피탈 43만 명, 2011년 8월 SK컴즈 3500만명, 2011년 11월 넥슨코리아 1300만명, 2012년 5월 EBS 400만명, 2012년 7월 KT 800만명' 등 주요 개인정보유출 사고만 정리해도 유출된 개인정보는 우리나라 인터넷 사용인구의 3배가 넘는다(서울경제, 12/07/30). 이미 전 국민의 개인정보가 유출되어 중국, 필리핀 등에 팔려나가 남용되고 있는 것이다. 누출된 개인정보는 주민등록번호, 신용카드번호, 주소, 전화번호 등 민감한 개인정보를 포함하고 있다. 이제 개인정보침해를 비롯한 정보화의 위험은 국가의 일급재난에 해당하는 피할 수 없는 중요한 정책문제가 되었다. *

※ 문혜정·조현석(2012), 빅 데이터 시대 위험기반의 정책, 정보화정책 19-4, 한국정보화진흥원, P64.

1) 위의 글이 '신문기사'와 다른 점은 무엇일까요? 비교해서 말해 보세요.

2) 위의 글이 '시'나 '소설'과 다른 점은 무엇일까요? 비교해서 말해 보세요.

3) 위의 글이 '일기'와 다른 점은 무엇일까요? 비교해서 말해 보세요.

학위논문

학위논문은 누가 왜 써요?

☑ 본격적인 논문 작성에 앞서 학위논문의 개념을 알아보자.

🔍 생각해보기

정답 p179

1 다음은 학위논문일까요? 학술지논문(소논문)일까요? 알맞은 것을 선택해 보세요.

| 학위논문 | 학술지논문(소논문) |

1) ....

2) ....

2 다음을 읽고 맞으면 ○, 틀리면 ×하세요.

정답 p179

1) '학위논문'은 '졸업논문'이라고도 한다. (○ / ×)

2) 학위논문은 수필(에세이) 형식의 글이다. (○ / ×)

3) 학위논문은 반드시 출판사를 통해 단행본으로 출간해야 한다. (○ / ×)

4) 공식적인 심사 과정을 거치지 않고도 학위논문을 작성할 수 있다. (○ / ×)

5) 학위논문은 필자가 원하지 않을 경우 철저히 비공개로 할 수 있다. (○ / ×)

이해하기

'학위논문'은 학위 취득을 목적으로 쓰는 논문이다. 졸업의 요건으로서 작성하는 논문이기 때문에 '졸업논문'이라고도 한다. 취득할 학위에 따라 '석사학위논문'과 '박사학위논문'로 구분된다. (☞ 소논문에 대해서는 Practice 03 참조)

학위논문의 핵심 개념과 특징을 좀더 살펴보자.

✓ "학위논문은 학술적인 글이다."

└ '학위과정 중에 전공 분야의 석사 학위 또는 박사 학위를 취득하기 위하여 필자가 소속된 학교(학과)의 절차와 규정을 준수하여 작성하는 학술적인 글이다.

✓ "학위논문은 한 편의 완결된 긴 텍스트이다."

└ 기존 연구의 이해를 전제로 출발한다. 해당 학문 분야에서 더 연구될 만한 가치를 지닌 주제와 내용을 바탕으로 작성한 약 100~300쪽 내외의 글이다.

✓ "학위논문은 지도교수와의 상호작용을 통해 완성되는 글이다."

└ 전문 연구자(지도교수, 심사자)의 지도와 조언을 바탕으로 학위 과정(석사 또는 박사)에 부합하는 수준으로 작성하는 글이다.

✓ "학위논문은 책임이 따르는 결과물이다."

└ 공표 후 최종 결과물에 대한 책임(표절 문제 등)을 무기한으로 져야 하는 글이다.

연습하기

1 네이버 학술정보*에서 '한류'를 검색어로 하여 최신 석사학위논문, 박사학위 논문을 1편씩 찾은 후 다음 표를 완성해 보세요.

* http://academic.naver.com/

NAVER 학술정보   전체 ▾ | 한류   Q

학술정보 홈   분야별 출판·인용 현황   연구 트렌드 분석 *beta*   내 학술정보

'한류'에 대한 전체 검색결과. 논문, 보고서 2,431건

논문, 보고서 2,431	학술지 6

전체 | 학술논문 | 학위논문 | 학술발표자료 | 동향·연구보고서 | 선행연구자료 | 단행본

	저자	연도	논문 제목	학위수여기관
석사학위 논문				
박사학위 논문				

2 네이버 학술정보에서 자신의 관심 분야 및 전공 분야의 키워드를 하나 선정하여 학위논문을 검색한 후 다음 표를 완성해 보세요.

NAVER 학술정보   전체 ▼ | 관심 키워드 입력하세요 | 🔍

학술정보 홈   분야별 출판·인용 현황   연구 트렌드 분석 *Beta*   내 학술정보

'한류'에 대한 전체 검색결과. 논문, 보고서 2,191건

논문, 보고서 2,191	학술지 6

전체 | 학술논문 | 학위논문 | 학술발표자료 | 동향·연구보고서 | 선행연구자료 | 단행본

	저자	연도	논문 제목	학위수여기관
석사학위 논문				
박사학위 논문				

Practice 03

학위논문과 소논문

학위논문과 소논문의 다른 점이 뭐예요?

☑ 학위논문과 소논문(학술지논문)의 공통점과 차이점은 무엇일까?

🔦 생각해보기

1 다음은 논문 목차의 일부 또는 전체입니다. 학위논문의 목차인지 소논문의 목차인지 생각해 보세요.

정답 p180

국문 요약

Ⅰ. 서론
　1. 연구의 필요성
　2. 선행 연구 검토
　3. 연구의 목적

Ⅱ. 이론적 배경
　1. 글쓰기 윤리
　　1.1. 글쓰기 윤리의 개념 및 층위
　　1.2. 글쓰기 윤리와 표절
　　1.3. 글쓰기 윤리에 대한 교육적 접근
　2. 자료 사용과 글쓰기 윤리
　　2.1. 자료 사용에 있어서 윤리성의 문제
　　2.2. 자료 사용과 자료 사용 능력의 정의
　　2.3. 자료 사용 교육과 글쓰기 윤리

---

1. 들어가며

2. 논의의 배경
　2.1. 실제성의 개념 및 선행 연구
　2.2. 표준 한국어 교재 『세종한국어』의 대화문

3. 연구 절차 및 방법

4. 실제성 제고를 위한 한국어 교재 활용
　4.1. 대화문 활용의 원리
　4.2. 대화문 활용 사례

5. 나오며

☐ 학위논문　☐ 소논문　　　　☐ 학위논문　☐ 소논문

정답 p180

2 다음은 학위논문과 소논문의 차이입니다. 맞는 것을 고르세요.

1) (학위논문/소논문)에는 인준서가 있다.

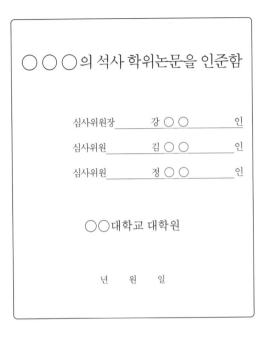

○ ○ ○ 의 석사 학위논문을 인준함

심사위원장_____강 ○ ○_____인

심사위원_____김 ○ ○_____인

심사위원_____정 ○ ○_____인

○○대학교 대학원

년   월   일

2) 소논문은 학위논문에 비해 목차 구성이 더 (간결하다 / 복잡하다).

3) (학위논문/소논문)은 학술지마다 정해진 시기에 논문을 투고한 후 비공개 심사 결과에 따라 게재 여부가 결정된다.

4) 최종 심사를 거쳐 (학위논문/소논문)의 통과가 결정되면 학위 과정을 마칠 수 있다.

5) 일반적으로 학위논문은 소논문에 비해 논문의 분량이 (긴/짧은) 편이다.

🔍 이해하기

논문은 일반적으로 크게 두 가지로 나뉜다. 첫 번째는 학위 취득을 위해 작성해야 하는 '학위논문'이고 두 번째는 전공 분야별 학술저널(학술지)에 게재되는 '소논문'이다.

학위논문과 소논문(학술지논문)의 공통점과 차이점을 살펴보자.

학위논문과 소논문 비교

	학위논문	소논문(학술지논문)
작성 목적	학위 취득	해당 학문 분야의 새로운 연구 성과를 학문 공동체에 공표하고 공유하기 위해
분량	약 100~400쪽	약 20-40쪽
체제	소속기관의 규정에 따름	해당 학회(학술지)의 규정에 따름
평가자	논문 지도교수 외 심사위원으로 위촉된 교수 3인~5인 (석사논문: 3인 / 박사논문 5인)	학회에서 위촉한 심사위원 (3인~5인)
평가자 (심사자) 공개 여부	공개	비공개
논문의 공개 방법 및 시기	졸업과 동시에 소속 학교에서 공개 (원문의 공개 여부는 개인의 동의 하에 결정됨)	학회의 규정에 따라 정해진 시기에 동일한 호에 게재된 논문과 함께 공개됨

> **Tip** 중고등학생의 소논문

- 중고등학생의 소논문은 전문 연구자가 작성하는 소논문과 다르다. 중고등학생의 '소논문'은 '탐구보고서'라고도 한다.

중고등학생의 소논문 ≠ 전문 연구자의 소논문

중고등학생의 소논문과 전문 연구자의 소논문 차이

	중고등학생의 소논문	전문 연구자의 소논문
작성 목적	학교에서 배운 내용의 심화, 탐구 과정에서 스스로 발견한 연구 문제를 해결함으로써 지적 성장을 하기 위해 작성	학문 분야의 새로운 연구 성과를 학문 공동체에 공표하여 학문 발전에 기여하기 위해 작성
독자	교사, 학생	학문 공동체
공개	비공개 (특정 독자에게만 공개)	공개 (출간 또는 게재)

* 중고생을 위한 소논문쓰기에 대해서는 카피킬러에듀(http://edu.copykiller.com) 온라인강의를 참조할 수 있다.

연습하기

1 전공 또는 관심 분야의 석사 학위논문과 소논문을 1편씩 찾아서 비교한 후
다음 표를 완성해 보자.

	석사 학위논문	소논문
제목		
저자		
발행연도		
발행기관	( )대학교 ( )대학원	( )학회
학술지명	―	
분량		
목차구성	전체 ( ) 장	전체 ( ) 장
기타		

2부
체제와 분량

Practice 04 논문의 구성 체제

논문의 구성을 마음대로 정할 수 없어요?

☑ 논문 작성 시에 준수해야 할 형식은 무엇이며 어떤 점에 유의해야 할까?

💡 생각해보기

정답 p181

1 다음은 학위논문을 구성하는 각각의 구성 체제에 대한 설명입니다. 맞는 것을 찾아 써 보세요.

인준서	차례(목차)	국문 요약	표지	참고문헌

1) 논문 심사 후 '통과' 결과를 인정하는 서류. 논문 심사위원의 자필 서명이나 도장을 찍는 곳이 있음.

_____

2) 논문의 전체 구성 및 제목을 한눈에 볼 수 있게 만든 목록

_____

3) 논문의 전체 내용을 압축하여(1~3쪽) 우리말로 정리한 글. 초록.

_____

4) 논문 제목, 저자, 학위수여학교 등을 쓴 논문의 겉면

_____

5) 논문에 인용하거나 참고한 자료, 논저 등의 목록을 일정한 형식에 따라 정리한 목록

_____

2 다음은 학위논문의 구성 체제 중 일부입니다. 학위논문의 체제에 맞게 순서
대로 배열해 보세요.

정답 p181

인준서	차례(목차)	국문 요약	참고문헌

표지 ····▶ [ ] ····▶ [ ]

[ ] ◀···· 본문 ◀···· [ ]

3 소논문의 구성 체제에 맞게 배열해 보세요.

정답 p181

제목	차례(목차)	참고문헌

[ ] ····▶ 저자명 ····▶ [ ]

영문요약* ◀···· [ ] ◀···· 본문

※ 학회지의 규정에 따라 차
례(목차)가 생략되기도 한
다. 또한 영문요약의 위치가
논문 제목, 저자명 바로 아래
에 오기도 한다.

🔵 이해하기

논문은 자유로운 글쓰기가 아니다. 우리가 공식적인 회의나 결혼식 등에 참석할 때 격식에 맞는 옷차림을 하듯이 학위논문 작성에도 일정한 형식이 있다. 이러한 형식에 해당하는 것이 바로 논문의 체제 또는 구성 체제라 할 수 있다.

먼저, 학위논문의 경우를 살펴보자. 표지를 넘겨 바로 볼 수 있는 것은 '인준서'이다. 인준서에는 논문 심사위원의 자필 서명이나 도장이 찍혀 있는데 해당 논문의 '통과'를 인정한다는 뜻이다.

다음으로 감사의 글*이 나온다. 이것은 선택적으로 넣을 수도 있고 넣지 않을 수도 있다. 다음으로 논문의 차례(목차)가 나오고 전체 논문 내용을 압축한 국문요약이 포함된다.

※ 경우에 따라 '감사의 글'은 생략이 가능하다.

학위논문의 가장 뒤에는 참고문헌, 부록, 영문요약이 순서대로 반영된다. 단, 논문의 체제에 대한 세부 규정은 학교마다 다소 차이가 있을 수 있으니 반드시 확인이 필요하다.

다음으로 소논문의 구성 체제를 살펴보자. 소논문의 학술지에 실리는 글이므로 별도의 표지나 인준서가 없다. 소논문의 첫 페이지를 보면 해당 논문의 제목, 저자(소속), 차례를 한눈에 볼 수 있다.

영문요약은 저자(소속) 아래에 오기도 하고 소논문의 가장 마지막에 배치되기도 한다. 또한 국문요약은 학술지의 규정에 따라 반영 여부가 달라진다.

예 학위논문의 구성

표지
인준서
감사의 글
차례(목차)
표 차례
그림 차례
국문요약(국문초록)
Ⅰ. 서론
Ⅱ.
Ⅲ.
Ⅳ.
Ⅵ. 결론
참고문헌
부록
영문요약(영문초록)

예 소논문의 구성

논문 제목
저자(소속)
차례
Ⅰ. 서론
Ⅱ.
Ⅲ.
Ⅳ.
Ⅵ. 결론
참고문헌
영문요약

연습하기

1 전공 분야의 석사 학위논문과 소논문을 2편 이상씩 찾아 각 구성 체제를 비교해 보자.(학위논문의 경우 자신의 소속 학교 논문을 반드시 1편 이상 찾을 것)

학위논문의 구성 체제

논문 제목	1.	2.
저자		
발행연도		
학위수여기관		
논문 체제		

소논문의 구성 체제

	1.	2.
논문 제목		
저자		
발행연도		
논문 체제		

Practice 05

논문의 분량

길게 쓸수록 좋은 논문일까요?

☑ 논문의 분량은 어느 정도일까?

☑ 논문을 길게 쓸수록 좋을까? 짧아도 괜찮을까?

생각해보기

1 아래 질문에 대해 자신의 생각을 말해 보세요.

1) 논문에서 분량이 중요하다고 생각하는가? 그 이유는 무엇인가?

```


```

예 논문에서 분량은 (중요하다고 / 중요하지 않다고) 생각한다.
　　그 이유는 ～기 때문이다.

2) 논문의 분량은 어느 정도가 적합하다고 생각하는가? 그 이유는 무엇인가?

```


```

예 석사(박사)학위논문의 분량은 (　　　　　)쪽이 적합하다고 생각한다.
　　그 이유는 ～기 때문이다.

예 소논문의 분량은 (　　　　　)쪽이 적합하다고 생각한다.
　　그 이유는 ～기 때문이다.

31

이해하기

논문을 처음 작성하는 초보자의 입장에서는 논문의 분량을 어느 정도로 해야 할 것인가에 대한 궁금증이 들 것이다. 이럴 경우는 소속 대학의 같은 전공 분야의 선배가 쓴 최근의 논문을 여러 편 살펴보면 좋다. 그러면 자신이 써야 할 논문의 분량을 대략 가늠해 볼 수 있다.

1. 학위논문의 분량

물론 학위논문의 분량은 개인 차도 있고 학위별, 계열별로도 차이가 있을 것이다. 또한 논문의 주제나 내용도 논문의 분량에 영향을 끼친다.

가령, 석사 학위논문의 경우, 짧게는 약 50쪽에서부터 많게는 100쪽이 넘는 논문도 있다. 논문 전체의 균형성을 유지하기 위해 논문의 주요 구성 요소별 분량에 대해서도 사전에 참고해 두면 도움이 될 것이다.

학위논문의 주요 구성 요소별 분량

국문초록	약 2~3쪽 (최대 5쪽 이내)
서론	약 3~5쪽 (선행 연구 검토 부분이 서론에 포함된 경우 10쪽 내외)
본론	논문 주제, 내용에 따라 차이가 있음
결론	약 3~5쪽 (결과 요약까지 포함된 경우 10쪽 내외)

2. 소논문의 분량

소논문은 대략 20~40쪽 내외 분량의 글이다. 소논문은 학위논문에 비해 분량이 상대적으로 짧으며 연구 내용을 최대한 압축하여 작성한다는 점이 특징이다.

연습하기

1 전공 분야의 석사/박사 학위논문을 3편 이상 찾아 아래 표를 완성해 보자.

	1.	2.	3.
논문 제목			
저자			
발행연도			
학위수여 기관			
논문 전체 분량	( )p	( )p	( )p
'국문 초록' 분량	( )p	( )p	( )p
'서론' 분량	( )p	( )p	( )p
'결론' 분량	( )p	( )p	( )p
'참고문헌' 분량	( )p	( )p	( )p

2 전공 분야의 소논문을 3편 이상 찾아 아래 표를 완성해 보자.

논문 제목	1.	2.	3.
저자			
발행연도			
저자의 소속			
논문 전체 분량	( )p	( )p	( )p
'서론' 분량	( )p	( )p	( )p
'결론' 분량	( )p	( )p	( )p
'참고문헌' 분량	( )p	( )p	( )p

3부
논문 표현

Practice 06

논문의 문장과 어휘

구어를 논문에 쓰면 어색할까요?

☑ 논문에는 어떤 표현이 자주 쓰일까?

☑ 논문에 어울리지 않는 표현은 무엇일까?

💡 생각해보기

정답 p182

1 다음 중에서 논문에 가장 어울리는 표현을 찾아보세요.

1) ① 증가해요   ② 증가합니다   ③ 증가해   ④ 증가한다

2) ① 나는   ② 당신은   ③ 저는   ④ 이 글에서는

3) ① 이상으로   ② 아까까지   ③ 방금까지   ④ 조금 전까지

4) ① 최 교수님이 말씀하신~   ② 최승호(2015)에서 언급한~
    ③ 최 연구자가 이야기한 ~   ④ 최승호 님(2010)께서 지적하신~

5) ① 근데   ② 그러나   ③ 그치만   ④ 그게 아니라

6) ① 그러므로   ② 그러니까   ③ 그래 가지고   ④ 그리고서는

7) ① 이건   ② 이것은   ③ 이걸   ④ 이게

8) ① 할려고 한다   ② 하고자 한다   ③ 할 거다   ④ 하려구 한다

9) ① 너무   ② 되게   ③ 진짜   ④ 매우

10) ① 이런   ② 이와 같은   ③ 이거처럼   ④ 이거랑 똑같이

11) ① ～라고 한 응답자는 한 분밖에 안 계셨다

② ～라고 한 응답자는 한 명에 불과하였다

③ ～라고 응답한 사람은 한 분밖에 없었다

④ ～라고 대답한 사람은 정말 적었다

💡 이해하기

1. 논문의 문장

논문은 문장은 '-다'로 끝맺는다. '-습니다', '-어(요)'는 논문 쓰기에 적절하지 않다.

×	○
• 최근 다문화에 대한 관심이 <u>높아졌습니다.</u> • 최근 다문화에 대한 관심이 <u>높아졌어요.</u> • 최근 다문화에 대한 관심이 <u>높아졌어.</u>	• 최근 다문화에 대한 관심이 <u>높아졌다.</u>

2. 축약 및 생략

논문에서는 구어 표현이 어울리지 않는다. 축약 및 생략보다는 본래의 형태를 그대로 쓰는 것이 원칙이다.

×	○
• <u>그건</u> 심각한 문제이다	• <u>그것은</u> 심각한 문제이다
• 논의할 <u>거다</u>	• 논의할 <u>것이다</u>
• <u>학교에선</u> 자주 발생하는 일이다	• <u>학교에서는</u> 자주 발생하는 일이다
• <u>근데</u> 가장 중요한 사실은……	• <u>그런데</u> 가장 중요한 사실은……
• 대학생들의 <u>알바</u> 실태는……	• 대학생들의 <u>아르바이트</u> 실태는……
• 설문 응답 자료를 <u>분석해 봤다</u>	• 설문 응답 자료를 <u>분석해 보았다</u>
• ～에 관한 문제 <u>관심</u> 가질 필요 있다	• ～에 관한 문제에 <u>관심을</u> 가질 필요가 있다

3. 높임

논문에서는 높임 표현(께서, 말씀, -시-)이 적절하지 않다. 필자를 높이지 않으며 해당 논저(저자명, 연도) 자체를 가리킨다.

×	○
• 최승호 님(2015)께서 … 라고 말씀하셨다. • 최승호 교수님(2015)께서 … 라고 말씀하셨다.	• 최승호(2015)에서는 … 라고 언급하였다.

4. 부정

논문에서는 일반적으로 짧은 부정보다 긴 부정이 쓰인다.

×	○
• 진행 안 했다 • 포함 안 했다 • 발견 못 했다	• 진행하지 않았다 • 포함하지 않았다 • 발견하지 못했다

5. '나'라는 표현의 사용

1인칭 대명사(나, 저)를 쓰면 글의 내용이 주관적이라는 인상을 주기 쉽다. 논문에서는 '이 글, 이 논의, 본고'라는 표현이 자주 쓰인다. 단 1인칭 복수대명사 '우리'는 논문에서 드물게 쓰이기도 한다.

말할 때나 사적인 글	논문
저는 ~에 대해서 알아볼 거예요. 나는 　　　　　알아보고 싶다.	이 글에서는 　～대해서 알아보고자 한다. 이 논의에서는 이 연구에서는 본고에서는 *필자는 *우리는

6. 어휘 및 표현

유의어나 비슷한 표현이 있을 때 논문에서는 문어체에 더 어울리는 표현을 선택해서 쓴다.

	구어에 어울리는 표현	문어에 어울리는 표현
조사	학생<u>이랑</u> 교사 학생<u>한테</u>	학생<u>과</u> 교사 학생<u>에게</u>
대명사	요기 그거	여기 그것
부사	진짜/되게/너무/많이…… 조금 하지만 방금 전까지 / 아까까지 조금씩 빨리	매우/상당히/꽤…… 다소 그러나 지금까지 / 이상으로 점차 조속히 / 시급히
동사	얘기하다 쓰다 많아지다 적어지다	언급하다 / 논의하다 기술하다 증가하다 감소하다
연결 표현 (이유)	~(으)니까	~(으)므로, ~기 때문에, ~(으)ㄴ 까닭에
연결 표현 (선택)	A(이)나 B	A 및 B
종결 표현	이 문제가 해결됐<u>으면 싶다</u>	이 문제가 해결되<u>기를 바란다</u> 이 문제가 해결되<u>어야 할 것이다</u>

7. 감정, 기분 표현

논문에서는 필자의 감정이나 기분을 드러내지 않는다. 즉 주관적인 감정, 솔직한 기분, 직설적인 의견 표현은 적절하지 않다. 자신의 의견은 객관적인 태도로 완곡하게 서술해야 한다.

개인적인 감정 표현	감정 표현 배제(객관적인 태도)
문제의 해결책을 찾지 못하면 <u>진짜 짜증이 난다.</u>(×)	문제의 해결책을 찾지 못하는 경우, <u>많은 어려움을 겪게 된다.</u>(○)
한국 음식은 매워서 <u>싫다.</u>(×)	한국 음식의 매운 맛에 <u>익숙하지 않은</u> 외국인이 적지 않다고 생각한다.(○)
지하철에서 자리 양보를 강요받으면 <u>화가 난다.</u>(×)	지하철에서의 자리 양보는 타인에 대한 자발적인 배려이므로 <u>강요받는 것은</u> 바람직하지 않다.(○)

> **Tip** 논문 쓰기에서 주의할 점
>
> 1. 사실과 자신의 의견이 구분되도록 한다.
> 2. 감정이나 기분이 아니라 논점에 대한 자신의 의견(관점)이 드러나도록 한다.

연습하기

정답 p. 183

1 다음을 논문에 적합한 표현으로 수정해 보세요.

1) 나는 내 논문에서 청소년의 알바 실태에 대해서 알아보려구 해요.

 ···▸

2) 저는 제 연구에서 국외 자료는 안 포함하고 국내 자료를 중심으로 분석했습니다.

 ···▸

3) 최근 언어폭력이 문제가 진짜 심각해졌어요.

 ···▸

4) 이윤진 샘 논문(2014)을 살펴보면 외국인 대학생이랑 대학원생들 위한 논문 쓰기 교육의 중요성 얘기합니다.

 ···▸

Practice 07

체제별 내용 구성과 표현

논문에 자주 나오는 표현이 있다고요?

☑ 논문의 체제별 내용 구성은 어떤 특징이 있을까?

☑ 체제별로 자주 쓰이는 표현은 무엇일까?

생각해보기

1 다음 중 의미가 다른 하나를 찾아보세요.

정답 p184

1) ① 서론   ② 들어가기   ③ 머리말   ④ 맺음말

2) ① 나오며   ② 마치며   ③ 도입   ④ 결론

2 다음 중 '연구 목적'과 관계가 적은 표현은 무엇입니까?

① 이 연구에서는 -고자 한다.

② 이 연구에서는 -을/를 살펴보았다.

③ 이 연구에서는 -기로 한다.

④ 이 연구에서는 -을 것이다.

3 다음 표현이 공통적으로 의미하는 것은 무엇입니까?

• 이러한 ~은/는 ~ 문제를 해결하는 데에 기초 자료를 제공할 것이다

• 이 연구의 결과는 ~(으)로 활용될 수 있다

① 연구의 한계점   ② 연구 현황   ③ 연구의 의의   ④ 후속 과제

41

이해하기

1. '서론-결론'의 또 다른 표현

논문의 구성에는 '서론'과 '결론'이 필수적이다. 논문 전체에서 서론과 결론은 매우 짧은 분량을 차지한다. 그럼에도 불구하고 '서론'과 '결론'은 글을 효율적으로 시작하고 끝맺는 데 매우 핵심적인 역할을 한다.

다음은 '서론'과 '결론'의 또 다른 표현들이다. '서론-결론', '들어가기-나오기', '머리말-맺음말', '들어가며-마치며'와 같이 각 표현이 호응을 이룬다.

서론	들어가기	머리말	들어가며
결론	나오기	맺음말	마치며

학위논문의 경우는 '서론-결론'이라는 용어가 가장 널리 쓰이지만 소논문 등에서는 위의 표현이 다양하게 나타나므로 각 표현이 무엇을 뜻하는지 알아두는 것이 좋다.

2. 논문의 내용 구성에 대한 표현

논문은 학술적인 글쓰기지만 하나의 스토리텔링처럼 잘 읽히는 글이어야 한다. 논문의 시작부터 본격적인 이야기를 하는 것이 아니라 먼저 독자의 호기심을 불러일으킨 후 이 논문을 왜 써야 하는지를 설득력 있게 전달해야 한다. 그리고 주제와 관련된 연구 현황을 잘 파악하여 그것이 자신의 연구와 어떤 점에서 차별화되고 연결되는지를 기술한다. 이어서 체계적이고 타당한 연구 방법론을 토대로 연구를 수행한다. 마무리 단계에서는 연구 결과를 요약한 후 자신의 논문이 어떤 점에서 학문적 의의를 갖는지를 밝힌다.

가령, '서론'을 읽어보면 연구 목적, 필요성, 문제 제기 등이 종합적으로 기술되어 있다. 또 어떤 논문에서는 '연구 방법'을 장 제목으로 하고 그 안에서 연구 대상, 연구 절차 등을 함께 다루기도 한다. 그러므로 논문을 읽을 때는 이 점을 고려하여 논문 속에 어떤 '내용 구성'이 반영되어 있는지, 논문을 쓸 때는 어떤 순서로 '내용 구성'을 배열할지를 고려해야 한다.

다음은 논문 속에 들어가는 '내용 구성'를 중심으로 정리해 본 것이다. 각 내용적 요소는 명확히 구분되지 않고 둘 이상의 요소가 자연스럽게 겹치기도 한다.

논문의 내용 구성

내용 구성	의미
연구 목적	• 이 연구를 통해 무엇을 밝히고자 하는가?
연구의 필요성	• 이 연구가 꼭 필요한 이유는(또는 근거는) 무엇인가?
문제 제기	• 구체적으로 어떤 문제 인식을 바탕으로 이 연구를 시작하려고 하는가? • 이 연구 주제를 정한 결정적인 계기는 무엇인가?
기존 연구의 한계	• 지금까지 이루어진 선행 연구(기존 연구)에서 밝히지 못한 것은 무엇인가? • 선행 연구에서 다루어졌지만 더 발전시켜야 할 점은 무엇인가? • 선행 연구와 자신의 연구의 차별점이 될 수 있는 것은 무엇인가?
선행 연구 검토	• 연구 주제와 관련하여 어떤 연구가 어떻게 이루어져 왔는가? 그 특징은 무엇인가?
이론적 배경	• 이 연구에서 기대고자 하는 이론은 무엇인가? • 주요 용어의 학술적 정의, 어떤 현상에 대한 관점, 연구 방법론 등은 (앞선 연구에서) 어떤 이론을 적용할 것인가?
연구 방법	• 연구 주제에 맞게 연구를 수행하게 위해 어떤 방법을 택하였나? 그 까닭은 무엇인가?
연구 대상	• 연구 주제에 맞게 연구를 수행하게 위해 무엇을 또는 누구를 연구 대상으로 택하였나? 그 까닭은 무엇인가?
연구 절차	• 연구는 어떤 순서로 이루어지는가? 그것은 연구 주제에 맞는 타당하고 체계적인 절차인가?
연구 결과	• 연구자가 연구 목적을 달성하기 위해 연구를 충실히 수행한 후 어떤 결과를 도출하였는가?
연구 의의	• 연구 목적에 맞게 연구를 수행하고 얻은 결과가 학문적으로 어떤 의의를 갖는가? • 이 연구가 기존 연구에서 밝히지 못한 어떤 점을 새로이 발견했으며 그것은 앞으로의 후속 연구에 어떤 도움을 주는가?
연구의 한계점	• 연구 목적에 맞게 연구를 충실히 수행했음에도 이 연구에서 미처 반영하지 못한 부분은 무엇인가? 또는 여러 제약으로 인해 연구 대상이나 방법 등에서 아쉬웠던 부분은 무엇인가?
후속 연구	• 이 연구에 이어서 앞으로 이루어질 연구에서 무엇을 다루면 좋겠는가? • 이 연구 주제와 관련하여 연구자 자신 또는 다른 연구자가 발전시켜야 할 점은 무엇인가?
제언	• 이 연구 결과에 대한 의의, 시사점 등에 대한 의견을 더 보탠다면 어떤 것이 있는가?

3. 논문의 내용 구성별 표현

논문의 내용 구성별 표현을 알아두면 논문을 읽거나 쓸 때 매우 편리하다. 논문의 핵심 내용을 빠른 속도로 훑어 읽고자 할 때 아래와 같은 표현이 유용한 단서가 된다. 또한 논문을 쓸 때도 아래의 표현 목록들을 적극적으로 활용함으로써 내용을 더욱 명확히 드러낼 수 있다.

내용 구성	표현
연구 목적	• 이 글의 목적은 ~데에 있다 • 본고는 ~는 데 목적을 둔다 • ~에 대해 살펴보고자 한다/논하겠다/고찰할 것이다
연구의 필요성	• ~기 위해 ~이/가 필요하다 • ~라는 측면에서 연구의 필요성이 제기된다 • ~에 대한 논의가 시급하다
연구 배경 (현황 제시)	• ~에 따르면 ~는 추세이다 • ~는 경향이 있다 • ~는 양상을 보인다 • ~점이 발견되다 • ~임을/는 것을 알 수 있다
문제 제기	• ~는 데에 어려움이/애로점이 있다 • ~기가 쉽지 않다 • ~에 대해서 ~고 있는 실정이다 • ~에 대한 인식이 부족하다 • 최근 ~ 문제가 심각해지고 있다
기존 연구의 한계	• ~에 대한 관심이 상대적으로 부족했다 • ~지만 ~에 그치고 있다 • ~를 중점적으로 논의한 성과는 찾기 어렵다/발견할 수 없다 • ~에 대한 연구가 활발한 반면 ~에 대한 연구는 미흡했다/불충분했다 • 그럼에도 불구하고 ... • 반면(에) ...
선행 연구 검토	• 최근의/지금까지/그간의 논의에서는... • ~분야의 연구로 ~을/를 들 수 있다 • ~대해서는 ~이/가 대표적이다 • ~을/를 비롯하여 ~에 관한 연구가 활발히 이루어졌다
이론적 배경	• 이 논문은 ~관점에서/입장에서 연구를 진행한다 • ~의 논의에 따라 이 연구에서는 ~을/를 ~(으)로 보기로 한다 • ~의 이론에 기대어 ~겠다

연구 방법	• ~(으)ㅁ으로써 ~고자 한다 • ~의 방법론에 따라 • ~을/를 적용하여 • ~방법론을 토대로 연구를 진행한다
연구 대상	• ~을/를 대상으로 살펴본다 • 이 연구의 분석 대상은 ~ • ~을/를 중심으로 −(으)ㄹ 것이다 • 본 연구에서 중점적으로 살피고자 하는 것은 ~이다 • ~에 한정하기로 하다
연구 절차	• 다음의 순서로 ~을/를 살펴보고자 한다/논의를 진행한다 • 우선...그리고...마지막으로... • 먼저...다음으로...끝으로... • 첫 번째로...두 번째로...세 번째로...마지막으로...
연구 결과	• 지금까지/이상으로 ~에 대해 고찰하였다 • ~을/를 통해 ~는 것을 알았다/밝혔다/발견하였다 • ~라고/다고 볼 수 있다/해석할 수 있다
연구 의의	• 이 연구의 성과는 ~에 기여할 것이다 • 이 연구의 결과는 ~을 위한 기초 자료를 제공할 것으로 본다
연구의 한계점	• ~(으)나 ~에 그쳤다 • ~고자 하였으나 ~부분까지는 다루지 못하였다 • ~는 것은 본 연구가 갖는 한계점이다 • ~라는 점에서/측면에서 한계가 있다.
후속 연구	• 앞으로/향후 ~에 대한 연구가 더욱 폭넓게 이루어져야 할 것이다 • ~대해서도 심도 있는 논의가 전개되기를 기대한다 • ~을/를 통해 ~이/가 더욱 발전될 수 있을 것이다 • 본고에서 미처 ~지 못한 부분은 후속 과제로 남겨둔다 • ~(으)ㄹ 것으로 보인다/전망된다

Tip

논문의 내용 구성별 표현은 한 문장 안에서 복합적으로 나타날 수도 있다. 이를테면 "이 연구는 ~는 점에서 의의가 있으며 후고에서는 ~이/가 더욱 활발히 이루어져야 하겠다."라는 표현은 '연구 의의'와 '후속 연구'를 함께 기술한 것이다.

연습하기

정답 p184

1 논문의 내용 구성에 어울리는 표현을 찾아 연결해 보세요.

1) 연구 목적 •   • 다음과 같은 순서로 연구를 진행한다.

2) 기존 연구의 한계 •   • ~에 대한 논의가 시급하다.

3) 연구의 필요성 •   • 본 연구의 성과는 ~에 기여할 것으로 본다.

4) 연구 대상 •   • 본 연구에서 중점적으로 살피고자 하는 것은 ~이다.

5) 연구 절차 •   • 본 연구의 목적은 ~는 것이다.

6) 연구 의의 •   • 그럼에도 불구하고 지금까지 ~에 대한 연구는 많지 않았다.

정답 p185

2 다음은 논문*의 일부입니다. 제시된 예가 다음 중 어디에 해당하는 내용인지 찾아 써 보세요. 내용 구성을 잘 드러내는 표현에 밑줄을 그어 보세요.

연구 목적	문제 제기	기존 연구의 한계	연구의 필요성
연구 방법	연구 결과	연구 배경(현황 제시)	후속 연구
연구 대상	연구 절차	선행 연구 검토	이론적 배경
연구 의의			

*이윤진(2014), 학술텍스트의 정형화된 고빈도 헤지 '-ㄹ 수 있다' 구문의 표현문형 연구, 외국어로서의 한국어교육 41, pp193-224.

1) _____

　이에 본고에서는 학술텍스트에서 고빈도로 쓰이는 정형화된 헤지 표현인 '-ㄹ 수 있다'의 사용 양상을 분석함으로써 '-ㄹ 수 있다' 구문의 특징을 밝히고 학문 목적 한국어 교육의 기초 자료가 되는 표현문형을 도출하는 데에 목적을 두고자 한다.

2) ....

그간 한국어 학술텍스트에서 나타나는 헤지 표현에 대한 관심과 논의를 살펴보면, 헤지의 개념과 기능, 필자의 인식, 학습 내용의 목록화 등이 개괄적으로 다루어져 온 성과(신명선, 2006; 신영주, 2011; 이준호, 2012)는 있었지만 특정 주요 표현을 중점적으로 고찰한 논의는 찾기 어려웠다.

3) ....

먼저 '헤지' 관련 용어부터 검토해 보면, '헤지 표현'(신명선,2006; 김진석,2008; 이준호,2012), '주저표현'(박나리,2013) 이외에도 '완화 표지'(신영주,2011; 심호연,2013), '완충 장치'(이남경,2012:82), '울타리 표현'(이찬규·노석영, 2012), '울타리어'(노은희, 2006;정소우·김은주,2013), '방책어'(김은주, 2011) 등으로 다양하게 쓰이고 있다.

4) ....

이 글은 학술텍스트에서 나타나는 고빈도 헤지 표현으로 '-ㄹ 수 있다'를 본격적으로 논의한 최초의 연구로서 교수·학습에 적용할 수 있는 기초 자료를 제공했다는 점에서 의의가 있다.

5) ....

또한 본고에서 분석한 통합형(복합형) 구문 이외에 명제의 내용에 '-ㄹ 수 있다'가 직접 연결되는 헤지 유형, '-ㄹ 수 있다'에 선행하는 서술어 및 어휘의 특성, '-ㄹ 수 있다'의 후행 표현 등에 대해서도 후속 연구가 이루어져야 할 것이다.

3 전공 및 관심 분야의 논문을 1편 찾은 후 '내용 구성'을 분석해 보세요. 내용 구성을 잘 드러내는 표현에 밑줄을 긋고 다음과 같이 메모해 보세요. 2개 이상의 내용 구성이 복합적으로 반영된 표현이 있다면 '연구 목적+연구의 필요성'과 같은 방법으로 쓰세요.

연구 목적	연구 결과	연구의 필요성	연구 절차
문제 제기	연구 의의	연구의 한계점	연구 배경(현황 제시)
후속 연구	연구 방법	선행 연구 검토	이론적 배경
연구 대상			

논문 표현	내용구성
예 본 연구는 <u>다음과 같은 절차에 따라</u> 진행되었다.	**연구 절차**

4부
학술자료

학술자료와 비학술자료

논문에 아무 자료나 참고할 수 없다고요?

☑ 논문을 쓰기 위해 어떤 자료를 참고해야 할까?

☑ 어떤 자료가 좋은 자료일까?

💡 생각해보기

정답 p186

1 논문을 작성할 때 다음 자료를 활용할 수 있을까요? 자신의 의견을 표시하고 그 이유를 말해 보세요.

1) 친한 동아리 선배가 쓴 학기말 보고서

☐ 적절하다   ☐ 부적절하다   ☐ 모르겠다

이유 : ....

2) 학술저널(학술지)에 게재된 전문 연구자의 글

☐ 적절하다   ☐ 부적절하다   ☐ 모르겠다

이유 : ....

3) 인터넷의 개인블로그에서 퍼온 글

☐ 적절하다   ☐ 부적절하다   ☐ 모르겠다

이유 : ....

4) 출처불명이지만 전문가가 쓴 것으로 보이는 글

☐ 적절하다   ☐ 부적절하다   ☐ 모르겠다

이유 : ....

5) 전공 분야 단행본의 일부

☐ 적절하다   ☐ 부적절하다   ☐ 모르겠다

이유 : ....

6) 주요 일간지의 뉴스 및 칼럼

☐ 적절하다   ☐ 부적절하다   ☐ 모르겠다

이유 : ....

7) 통계청의 국가통계포털(http://kosis.kr)에 공개된 최신 통계 자료

☐ 적절하다   ☐ 부적절하다   ☐ 모르겠다

이유 : ....

8) 국어사전/백과사전

☐ 적절하다   ☐ 부적절하다   ☐ 모르겠다

이유 : ....

9) 국내외 대학의 학위 논문

☐ 적절하다   ☐ 부적절하다   ☐ 모르겠다

이유 : ....

10) 리포트 구매 사이트에서 유료로 구매한 자료

☐ 적절하다   ☐ 부적절하다   ☐ 모르겠다

이유 : ....

이해하기

1. 논문의 문장

　논문 작성의 첫걸음은 좋은 자료를 찾는 것이다. 그렇다면 학술자료로서 가치 있는 자료 즉 논문 작성에 참고할 수 있는 자료는 어떤 것일까?

　마트에서 장을 볼 때 원산지가 명확하게 표기된 농산물과 그렇지 않은 농산물이 있을 때 소비자는 어떤 것을 더 신뢰하게 될까? 이와 마찬가지로 논문에서 참고한 자료는 곧 그 논문의 질을 보여준다.

　따라서 양질의 학술자료를 선별하는 일은 논문의 독자에게 풍부하고도 믿을 만한 근거를 제공한다는 차원에서도 매우 중요한 것이다. 반대로 논문 작성에 있어서 비학술자료를 사용하는 행위는 논문의 질을 담보할 수 없게 된다. 뿐만 아니라 잠재적 표절의 가능성도 높아지므로 주의가 필요하다.

　좋은 학술자료는 공신력, 객관성, 대표성, 출처의 명확성을 확보하고 있다. 반대로 이러한 요건이 갖추어지지 않았다면 학술자료로 보기 어렵다.

학술자료와 비학술자료

구분	학술자료	비학술자료
특징	• 출처가 명확함 • 공신력, 객관성, 대표성을 지님	• 출처가 없거나 명확하지 않음 • 객관성, 공신력을 담보할 수 없음
예	• 학술저널에 게재된 전문가의 글 • 전공 분야 단행본의 일부 • 주요 일간지의 뉴스 및 칼럼 • 통계청의 국가통계포털(http://kosis.kr) 　공개된 최신 통계 자료 • 국어사전/백과사전 • 국내외 대학의 학위 논문	• 인터넷의 개인블로그에서 퍼온 글 • 출처불명이지만 전문가가 쓴 것으로 　보이는 글 • 아는 선배가 쓴 기말보고서 • 리포트 구매 사이트에서 가져온 글

연습하기

1 A~D는 다음 중 어떤 자료에 해당하는지 살펴보자. 그리고 논문에 활용할
수 있는 학술자료인지 비학술자료인지 써보자.

정답 p187

소논문	신문기사	개인 블로그 글

1)

(A)

　저출산으로 인해 학령인구가 줄어들면서 학생 수가 감소하고 있는 가운데 특히 중학생 수 감소세가 가장 큰 것으로 나타났다. 반면 외국인 유학생과 다문화 학생 수는 증가하고 있는 것으로 확인됐다. 30일 교육부가 발표한 '2016년 교육기본통계'에 따르면 유치원생을 비롯해 초·중·고 학생 수는 총 663만5,784명으로 지난해보다 2.7%(18만4,143명) 감소했다. 학령인구가 큰 폭으로 감소하면서 지난해(2.4%)보다 감소폭이 컸다. (중략) 교육부와 한국교육개발원은 매년 4월 1일을 기준으로 전국 유치원과 초·중등학교, 대학교 등 2만여 교육기관을 대상으로 학생, 교원, 시설 현황 등을 조사한 결과를 발표한다.*

* "저출산 여파로 학령인구 감소…중학생 수↓ 유학생·다문화 학생 수↑", 〈서울경제〉, 2016년 8월 30일자.

⋯▸ A는 (　　　　　　)의 일부이다.
　　학술자료로 (활용할 수 있다 / 활용하기에 바람직하지 않다).

2)

(B)

　다문화가정 기사의 댓글 달린것을 읽어 볼때마다 느끼는게 이 뜻을 잘 모르시는분들이 많다는 느낌을 많습니다. 특히 가장많이 오인하는 부분이 바로 다문화 가정 = 국제결혼 가정 즉 자국민과 외국인과의 결혼만을 뜻하는줄 안다는겁니다. 하지만 다문화가정의 뜻은 결코 자국민과 외국인과의 결혼만을 뜻하는것이 아니죠. 외국인과 외국인과의 결혼으로 형성된 가정 또한 마찬가지로 똑같이 다문화 가정이라 칭합니다.**

** http://cafe.daum.net/dacultureNO/33Uw/121?q=%EB%8B%A4%EB%AC%B8%ED%99%94%20%EB%9C%BB

⋯▸ B는 (　　　　　　)의 일부이다.
　　학술자료로 (활용할 수 있다 / 활용하기에 바람직하지 않다).

3)

> (C)
>
>   학문 목적 한국어 학습자가 선행 연구의 개념과 가치를 잘 이해하고 있다고 하더라
> 도 '학술텍스트의 구성 체제에 있어서 선행 연구가 반영되어야 할 부분은 어디이며
> 그것을 어떻게 결정할 수 있는가'에 대한 세부적인 정보와 판단력이 뒷받침되지 않는
> 다면 능숙한 선행 연구 기술을 기대하기 어려울 것이다. 그러나 본고의 관심은 선행
> 연구가 학술텍스트에 활용되어 나타나는 위치가 아니라, 학술텍스트의 어디에도 선
> 행 연구가 반영될 수 있다는 점이다.*

※ 이윤진(2014), '선행 연구 기술'의 주요 기능에 대한 연구, 이중언어학 제54호, 244쪽.

⋯▸ C는 (　　　　　)의 일부이다.

　학술자료로 (활용할 수 있다 / 활용하기에 바람직하지 않다).

Practice 09

학술자료 탐색

가장 효율적인 자료 찾기 방법이 뭐예요?

☑ 논문 쓰기에 필요한 학술자료를 어디에서 어떻게 찾아야 할까?
  효율적인 방법은 무엇일까?

💡 생각해보기

1 다음의 학술자료를 찾으려고 합니다. 가장 효율적인 방법은 무엇일까요?

정답 p188

1) 졸업한 선배들이 작성한 학위논문을 읽어보고 싶다. 어디에서 발릴 수 있을까?

2) 전공 분야의 전문 연구자들이 작성한 학술지논문 파일이 필요하다. 어디에서 찾
   을 수 있을까?

3) 다른 학교의 박사학위논문을 읽고 싶다. 자료를 어디에서 구할 수 있을까?

이해하기

　　논문을 작성하기 위해서는 자신의 연구 주제에 맞는 학술자료를 잘 찾는 것이 무엇보다도 중요하다. 학술자료의 대표적인 유형에는 '단행본', '학위논문', '연속간행물'(학술지논문, 신문)이 있다.

학술자료의 유형	예	자료 형태
단행본	책	전자책, 인쇄본
학위논문	박사학위논문, 석사학위논문	제본, DB
연속간행물	학술지논문(소논문)	인쇄본, DB
	신문	아카이브

　　학술자료는 인쇄된 종이 자료로 볼 수도 있으며 파일 형태로도 접할 수 있다. 학술자료를 찾을 때는 자료탐색의 용이성, 자신의 선호도 등을 고려하여 두 가지 방법을 절충하는 것이 바람직하다.

　　학술정보에 접근하는 대표적인 두 가지 방법을 소개한다.
　　첫 번째는 검색포털을 통한 방법, 두 번째는 소속 학교의 도서관을 통한 방법이다.

1. 학술정보 검색포털

1) 구글 학술검색*

*https://scholar.google.co.kr/

2) 네이버 학술정보*

http://academic.naver.com/

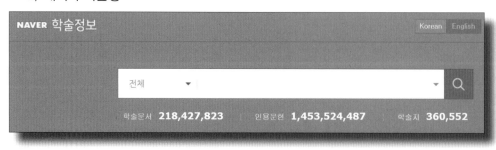

3) 네이버 뉴스라이브러리*

*newslibrary.naver.com/

4) 빅카인즈(BIG KINDS)*

*www.bigkinds.or.kr/

2. 학교 도서관

논문 작성을 위해서는 학교 도서관의 다양한 서비스를 적극적으로 활용하는 것이 좋다. 직접 방문하여 단행본 및 학위논문을 대출하거나 도서관 홈페이지를 통해 폭넓은 DB에 접근하는 방법이 있다.

도서관 방문	도서관 홈페이지
• 단행본 및 학위논문 대출 • 상호대차 신청 　– 타학교 도서관의 자료는 상호대차 서비스 이용 가능	• 학위논문 검색 DB • 학술지논문 검색 DB 　(Riss, DBpia, KISS, earticle, 뉴논문) • 전자도서 DB

> **Tip** 상호 대차 서비스
>
> 상호 대차 서비스란 비소장 단행본 도서를 협력기간에 요청하여 대출받을 수 있는 서비스를 의미한다. 타학교의 학위논문도 상호대차 서비스를 통해 빌려볼 수 있다.

연습하기

1 자신에게 필요한 학술정보를 어떻게 찾을 수 있는지 직접 실습해 보세요.

1) 학교 도서관을 방문해 보자. 전공 분야의 학위논문을 찾을 수 있는 서가는 몇 층인가? 전공 분야의 가장 최신 학위논문(석사, 박사)을 1권씩 빌려보자.

2) 학교 도서관 홈페이지를 통해 접근할 수 있는 학술 DB에 어떤 것이 있는지 알아보자.

3) 자신의 전공 분야에서 다른 학교 졸업생이 쓴 가장 최근의 학위논문 중에서 읽고 싶은 것을 1편 검색해 보자. 학교 도서관에서 상호대차 서비스를 직접 이용해 보고 신청에서 대출까지 걸리는 기간은 얼마나 되는지, 대출 기간은 어느 정도인지 알아두자.

2 다양한 학술정보 검색포털에 접속해 보고 각각의 특징에 대해 메모해 보세요.

1) 구글 학술검색

2) 네이버 학술정보

3) 네이버 뉴스라이브러리

4) 빅카인즈

선행 연구 목록 작성

선행 연구를 목록화하고 싶을 때는요?

☑ 연구 주제와 관련된 나만의 선행 연구 목록을 어떻게 만들 수 있을까?

☑ 선행 연구 목록을 만드는 쉬운 방법이 있을까?

💡 생각해보기

정답 p188

1 선행 연구 목록을 만들려고 합니다. 다음에 대해 생각해 보세요.

1) 전공 분야에서 가장 최근에 나온 석사학위 논문 100편의 목록을 만들고 싶다. 어떻게 하면 될까?

2) 특정 주제에 대해 가장 자주 검색되는 박사학위 논문 100편의 목록을 만들고 싶다. 어떻게 하면 될까?

3) 자신이 소속된 학교에서 발표된 석사, 박사 학위논문 목록을 연도순으로 정리하고 싶다. 어떻게 하면 될까?

이해하기

학위논문 작성을 위해서는 관련 선행 연구를 폭넓게 살펴보는 작업이 필요하다. 이를 위해 먼저 선행 연구 목록을 작성해야 한다. 최신의 선행 연구 목록을 일괄적으로 작성하는 방법을 알아두자.

학술정보 검색 사이트 가운데 RISS에서 선행 연구 목록을 작성하는 방법을 살펴보기로 하겠다.

1. 관심 키워드 입력

먼저 RISS에서 관심 키워드를 입력한다.

관심 키워드를 입력한 후 엔터키를 누른다.

2. 검색 결과의 조건별 검색

'통합검색', '국내학술논문', '학위논문' 등 가운데 필요한 것을 선택한다.

3. 검색 조건 선택

위의 2번에서 검색 유형을 선택한 후 엔터키를 누르면 다음과 같이 원하는 검색 조건을 선택할 수 있다. 가령, '연도순'을 선택하면 가장 최근의 논문부터 볼 수 있다. 화면에 나타나는 논문 목록은 기본적으로 10개씩으로 설정되어 있다. '100개씩 출력'을 선택하면 한 번에 많은 목록을 볼 수 있어서 편리하다.

4. 검색 조건 좁혀보기

화면의 좌측을 보면 '원문유무', '음성지원유무', '원문제공처', '등재정보', '학술지명', '주제분류', '발행연도', '작성언어', '저자' 등의 조건이 있다. 이것을 선택하여 검색 결과를 원하는 방식으로 좁혀서 볼 수 있다.

학위논문의 검색 결과를 좁혀서 볼 때는 '학위수여기관', '학위유형(석사, 박사)', '지도교수명' 등을 조건을 적용할 수 있다. 예를 들면, 어떤 학교의 특정 지도교수님의 학생들이 최근 석사 학위 논문 주제로 어떤 것을 다루었는지 등을 쉽게 찾을 수 있다.*

* 괄호 안의 숫자는 검색 시점의 논문 편수를 의미하는 것이므로 수시로 달라진다.

수여기관	발행년도	학위유형
■ 중앙대학교 (160)	■ 2017 (261)	■ 국내석사 (2204)
■ 한양대학교 (130)	■ 2016 (357)	■ 국내박사 (310)
■ 경희대학교 (116)	■ 2015 (276)	■ 해외박사 (4)
■ 연세대학교 (114)	■ 2014 (279)	
■ 이화여자대학교 (104)		

언어종류	원문유형	지도교수명
■ 영어 (102)	■ 원문있음 (2348)	■ 고태국 (27)
■ 중국어 (12)	■ 원문없음 (170)	■ 황동열 (17)
■ 일본어 (7)		■ 박양우 (11)
■ 프랑스어 (2)		■ 임학순 (11)

5. 논문 목록 생성하기

원하는 조건으로 논문을 검색한 후에 그 결과를 목록화할 수 있다. 예를 들어 다음은 가장 최신의 논문 목록을 만들기 위해 '연도순'과 '100개씩 출력'을 선택한 것이다. 그리고 좌측 하단(정확도순 아래)의 '내보내기' 옆 네모를 클릭한다.

6. '내보내기'의 조건 선택

내보내기의 형태도 선택이 가능하다.

가령, 다음은 'Excel저장'으로, 서지정보의 형식을 '참고문헌형식'으로 선택한 것이다.

서지정보 내보내기(Export)

> **내보내기 형태를 선택하세요**

○ 메일전송   ○ 인쇄   ◉ Excel저장   ○ Text저장   ○ EndNote / Mendeley   ○ Ref

> **서지정보의 형식을 선택하세요**

○ 간략정보 (제목,저자,연도)

○ 상세정보 (제목,저자,학술지명,권호,발행처,자료유형,수록면,언어,년도,KDC,소장기관,초록)

◉ 참고문헌양식 참고문헌양식안내

7. 내보내기 결과의 파일명 지정

'내보내기'를 클릭하면 다음과 같이 나타난다.

파일 이름(N):	myCabinetExcelData
파일 형식(T):	Microsoft Excel 97-2003 워크시트

파일 이름을 검색 조건에 맞게 구체적으로 밝혀 적는 것이 좋다.
저장할 논문 파일명을 정확하게 적는다. 검색 날짜는 꼭 밝히도록 한다.

파일 이름(N):	한류 논문 목록_20180118
파일 형식(T):	Microsoft Excel 97-2003 워크시트

8. 내보내기 결과 확인

새로 저장한 파일을 열면 다음과 같은 결과를 확인할 수 있다.

	참고문헌양식
2	김종도, "동남아 국가를 중심으로 군 이미지 홍보가 국가 경쟁력 향상에 끼친 영향", 2018.,
3	이정, "모바일 인스턴트 메신저 정보가 관광객의 행동의도에 미치는 영향에 관한연구", 20
4	Pimkamol Bualuang, "태국 관객의 한국영화에 대한 소비동기 및 소비행동에 관한 연구", 20
5	김동현, "TV 드라마를 활용한 한국 문화 교육 연구", 2017., 강남대학교 대학원
6	비양, "중국의 반한류에 관한 연구", 2017., 조선대학교
7	CAO, LIN, "중국의 영상 플랫폼 경쟁관계 연구", 2017., 이화여자대학교 대학원
8	배호명, "중국인 관광객의 면세점 선택속성 만족도가 지출금액에 미치는 영향", 2017., 세종
9	이기원, "<미녀들의 수다>를 통해서 본 문화다양성 콘텐츠 연구", 2017., 한양대학교
10	응위엔 티 깜, "베트남의 한류 발전 과정 및 베트남인의 한류에 대한 태도변화 연구", 2017.
11	페트릭 블란카, "한국 대중문화 팬덤과 개인의 역학적 관계에 관한 연구", 2017., 동국대학
12	윤지혜, "韓·中 동계통론 타당성 연구", 2017., 한양대학교 대학원
13	윤지연, "한국 방송 제작자들의 중국 진출에서 보이는 제작자들의 인식 연구", 2017., 고려
14	박민, "넌버벌(Non-verbal) 공연에서 음악의 활용과 효과에 대한 연구", 2017., 중앙대학교
15	WuTao, "Development of Restaurant Information System reflecting Korean Wave Influence",

연습하기

1 다음 조건에 맞게 학술 자료를 검색해 보세요.

1) 자신의 관심 키워드를 2개 이상 입력하여 최근 3년간 발표된 석사학위 논문 목록을 작성해 보세요.

   예) 다문화*교육, 청소년*진로

2) 자신의 논문 주제와 관련 있는 학술지논문(소논문)을 '인기도순'으로 검색한 후 목록을 작성해 보세요. (50편 이상)

3) 자신의 소속 학교를 포함하여 3개 이상의 학교에서 발행된 박사학위 논문 목록을 만들어 보세요.

4) 자신의 전공 분야에서 널리 알려진 특정 연구자(3인 이상)의 논문 목록을 만들어 보세요.

최신 학술자료의 자동 알림 설정

가장 최신의 논문 정보를 알려주는 서비스가 있다고요?

☑ 최신 학술정보는 수시로 업데이트된다.

자신의 연구 주제와 관련된 최신의 학술정보를 신속하게 알 수 있는 방법은 무엇일까?

💡 생각해보기

정답 p189

1 다음 질문에 대해 생각해 보자.

1) 자신의 연구 분야와 관련된 논문이 나올 때마다 알려주는 서비스가 있을까?

2) 최신 학술정보 알림 서비스가 있다면 어떤 것이고 어떻게 알림 설정을 할 수 있을까?

이해하기

논문 작성에 참고한 자료는 곧 그 논문의 질을 좌우한다. 따라서 논문 작성을 위해서는 가장 최근에 발표된 학술자료도 파악해야 한다. 이를 통해 최신의 연구 경향을 알 수 있다. 방대하게 쏟아지는 최신의 학술자료를 신속하게 접할 수 있는 방법은 없을까?

'학술자료 알림 서비스'를 알아두면 편리하게 활용할 수 있다. 구글 학술검색에 자신의 논문에 관련된 검색 키워드를 등록해 놓으면 수시로 알림 이메일이 발송된다. 알림 서비스를 통해 국내 논문뿐만 아니라 국외 논문도 쉽게 접할 수 있다.

1. 구글 학술검색 접속

구글 학술검색에 접속한다. http://scholar.google.com/

2. 조건 검색

검색어를 입력한다.

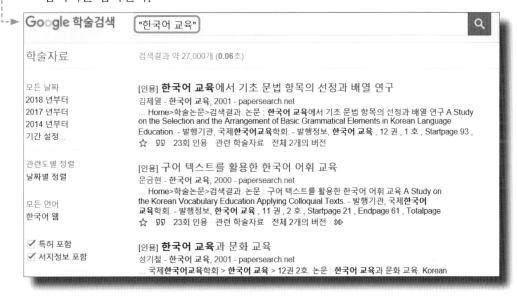

3. 알림 받기 서비스 등록

좌측 하단의 '알림 만들기'를 클릭한다.

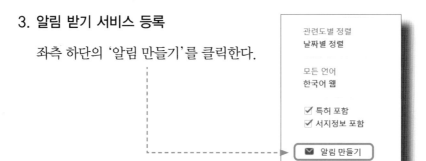

4. 키워드 설정

원하는 키워드를 '알림 검색어'로 설정한다. 검색결과를 10개 또는 20개로 표시할 수 있다. '알림 만들기'를 클릭하면 등록이 끝난다.

5. 알림 메일 받기

다음은 "4차 산업혁명"을 키워드로 학술검색 알림을 등록한 후 받은 메일이다. 한번 알림 설정을 해 놓으면 새로운 논문이 나올 때마다 수시로 메일을 받을 수 있다.

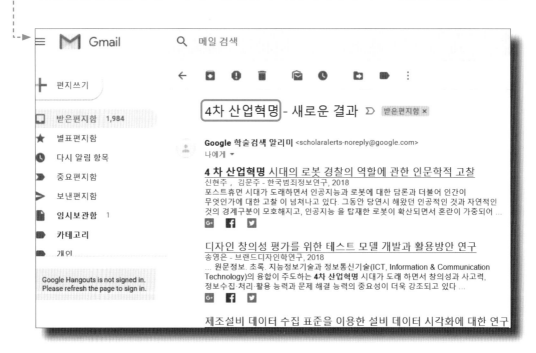

연습하기

1 자신의 관심 주제와 관련된 키워드를 생각한 후 학술 자료 자동 알림 설정을 해 보세요. (3개 이상 등록해 볼 것)

예① 다문화 교육
예② foreign students*ESL

한국어 키워드①	
한국어 키워드②	
한국어 키워드③	
영어 키워드①	
영어 키워드②	
영어 키워드③	

5부
참고문헌

Practice 12

참고문헌의 중요성
참고문헌이 없으면 논문이 아닌가요?

☑ 참고문헌이란 무엇일까?
☑ 논문에 왜 참고문헌이 꼭 있어야 할까?

💡 생각해보기

정답 p189

1 맞으면 ○, 틀리면 × 하세요.

1) 모든 논문에는 참고문헌이 있다. (○ / ×)

2) 참고문헌의 목록은 많을수록 좋다. (○ / ×)

3) 참고문헌 목록을 작성할 때는 정해진 형식을 따라야 한다. (○ / ×)

4) 논문 안에서 출처를 밝혔다면 참고문헌을 따로 만들지 않아도 된다. (○ / ×)

5) 논문에서 인용하지 않은 것이라도 논문을 쓰기 위해 필자가 읽은 논저는 모두
   참고문헌 목록에 넣는 것이 원칙이다. (○ / ×)

ℹ️ 이해하기

논문은 문학작품과 다른 장르의 글이다. 시, 에세이, 소설 등은 필자의 감수성과
창의성을 바탕으로 글을 쓸 수 있지만 논문은 앞선 연구자들이 써 놓은 글 즉 선행
연구에 대한 이해가 전제된다. 또한 나의 주장에 대한 근거를 제시하기 위해 인용을
해야 하고 인용한 자료에 대한 출처를 명확하게 밝히는 것이 원칙이다.

1. 논문의 출처 제시 방법

논문에서는 크게 두 가지 방법으로 출처를 밝힌다. '주석'으로 다는 방법과 '참고

'문헌'을 제시하는 것이 있는데 한 편의 논문에 이 방법이 둘 다 쓰인다. 즉 본문에서 출처를 밝혔다면 참고문헌에도 들어가야 하고 참고문헌에 있는 논저는 본문에서도 언급되어야 한다.

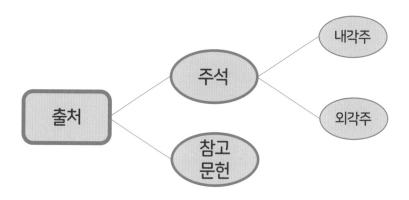

2. 참고문헌의 중요성

'참고문헌'의 사전적 정의는 '연구 따위의 참고 자료로 삼는 서적이나 문서'이다. 모든 논문의 뒤쪽에는 참고문헌 목록이 있다. 참고문헌의 중요성은 다음과 같다.

참고문헌 목록을 통해……

✓ 필자는 자신의 주장에 대한 객관적인 근거를 제시할 수 있다.
✓ 필자는 다른 사람(선행 연구자)의 지적 재산권을 존중 또는 보호할 수 있다.
✓ 필자는 독자에게 논문에 대한 상세한 정보를 일목요연하게 제공할 수 있다.

3. 참고문헌 작성 시 유의점

▶ 참고문헌은 정해진 형식을 따라 작성해야 한다.
▶ 실제로 논문에 인용한 자료를 중심으로 작성해야 한다. 참고문헌의 목록의 수가 무조건 많다고 좋은 것이 아니며 인용한 자료를 누락해서도 안 된다.

연습하기

1 전공 및 관심 분야의 논문을 찾아 각 논문의 참고문헌 목록을 살펴보세요.
참고문헌의 분량과 참고문헌 편수를 아래 표에 적어 보세요.

	저자(연도), 논문명	참고문헌 분량	참고문헌 수
박사학위 논문 ①		( ) 쪽	( ) 편
박사학위 논문 ②		( ) 쪽	( ) 편
석사학위 논문 ①		( ) 쪽	( ) 편
석사학위 논문 ②		( ) 쪽	( ) 편
학술지 논문 ①		( ) 쪽	( ) 편
학술지 논문 ②		( ) 쪽	( ) 편

참고문헌의 자료 유형

어떤 자료가 참고문헌에 들어가요?

☑ 참고문헌에는 어떤 자료가 포함될까?

☑ 각각의 자료 유형은 어떻게 구분할 수 있을까?

🔆 생각해보기

1 맞으면 ○, 틀리면 × 하세요.　　　　　　　　　　　　　　　　정답 p190

1) 참고문헌은 논문 작성 시 어떤 자료를 참고했는지를 일목요연하게 보여준다. (○ / ×)

2) 참고문헌에 단행본(책)은 포함하지 않는다. (○ / ×)

3) 동일 저자의 참고 자료는 2번 이상 포함하지 않는다. (○ / ×)

4) 대학원생이 작성한 기말보고서도 참고문헌 목록에 포함할 수 있다. (○ / ×)

💡 이해하기

　참고문헌을 보면 논문 작성 시 어떤 자료를 참고했는지를 한눈에 알 수 있다. 참고문헌 목록을 통해 독자는 필자가 논문의 주제와 관련된 논저를 얼마나 폭넓게 찾고 논문에 반영했는지를 파악할 수 있다.

1. 참고문헌의 유형

　참고문헌에는 크게 단행본, 학위논문(석사, 박사), 학술지논문이 포함되는데 목록만 보아도 이를 쉽게 구분할 수 있다. 유형별로 다음과 같은 특징이 있다.

참고문헌의 유형

유형	특징	예시
단행본	• 출판사명이 있다.	김하수·이전경(2015), 한국의 문자들, 커뮤니케이션북스.
학위 논문	• '학위논문'이라고 적혀 있다. • 학위수여기관인 학교명이 있다. • 석사논문인지 박사논문인지 밝힌다.	박나리(2009), 「학술논문의 텍스트성(textuality) 분석」, 이화여자대학교 박사논문.
학술지 논문	• 학술지명이 있다. 학술지명은 '~학'으로 끝난다.(예 : 이중언어학, 영어교육학……) • '권', '호' 번호가 있다. • 학회 이름을 밝힌다. '~학회'로 끝난다. (이중언어학회)	이해영(2001), 「대학의 외국인 유학생을 위한 한국어 교육」, 「이중언어학」 제18권 1호, 이중언어학회, 279~301쪽.

Tip

단행본, 학위논문, 학술지논문 이외에 특정 홈페이지에서 자료를 가져왔을 때도 이를 참고문헌에 포함시켜야 한다. 해당 홈페이지 이름, URL주소, 검색 날짜를 밝히도록 한다.

예 한국국제교류재단(http://www.kf.or.kr) (검색일: 2019. 2. 5)

2. 동일 저자의 논저 표시

참고문헌에 <u>동일 저자의 논저가 연달아 나올 때</u>는 먼저 출간된 순서대로 목록을 작성하고 다음과 같이 표시한다.

가은아(2009), 「중·고등학생을 위한 쓰기 윤리 교육의 방향과 지도 방안」, 「작문연구」 제8권, 한국작문학회, 231~250쪽.
_____(2011), 「쓰기 발달의 양상과 특성 연구」, 한국교원대학교 박사논문.

3. 동일 저자의 동일 연도의 논저 표시

<u>동일 저자가 쓴 동일 연도의 논저가 연달아 나올 때</u>는 알파벳 소문자나 한글 자음을 순서대로 적어서 표시한다.

예1)

이윤진(2014a), 학술텍스트의 정형화된 고빈도 헤지 '-ㄹ 수 있다' 구문의 표현문형 연

구, -학문 목적 한국어 교육에서 학술 문형 지도를 목적으로-, 외국어로서의 한
국어교육 41, 193-224쪽.

_____(2014b), 선행 연구 기술의 주요 기능에 대한 연구 -학문 목적 한국어 쓰기 지도
를 목적으로-, 이중언어학 54, 239-272쪽.

예2)

이윤진(2014ㄱ), 학술텍스트의 정형화된 고빈도 헤지 '-ㄹ 수 있다' 구문의 표현문형 연
구, -학문 목적 한국어 교육에서 학술 문형 지도를 목적으로-, 외국어로서의 한
국어교육 41, 193-224쪽.

_____(2014ㄴ), 선행 연구 기술의 주요 기능에 대한 연구 -학문 목적 한국어 쓰기 지도
를 목적으로-, 이중언어학 54, 239-272쪽.

4. 공동 저술

공저의 경우는 공저자의 이름을 모두 쓰는 경우와 대표 저자의 이름만 밝혀 적는
경우가 있다. 공저자를 모두 나열할 때 가운뎃점(·)을 찍기도 하고 쉼표(,)를 넣기도
한다. 또한 대표 저자명만 밝히는 경우는 '~ 외'라고 표시한다.

구분	형식	예
공저자를 모두 밝힐 때	저자명1 · 저자명2 · 저자명3...	유현경 · 서상규 · 한영균 · 강현화 · 고석주 · 조태린(2015)
	저자명1, 저자명2, 저자명3...	유현경, 서상규, 한영균, 강현화, 고석주, 조태린(2015)
대표 저자만 밝힐 때	대표 저자명 외	유현경 외(2015)

5. 번역서

번역서의 경우 원저자, 번역자, 원제목, 번역된 제목을 모두 밝힌다.

Jack C. Richards(2015), 강승혜 외 2명 역, 『언어 교육과정 개발(*Curriculum Development in Language Teaching*)』, 한국문화사.

연습하기

정답 p190

1 다음 참고문헌에서 단행본에는 '책' 석사학위논문에는 '석사', 박사학위논문에는 '박사', 학술지논문(소논문)에는 '소논문'라고 표시해 보세요.

소논문 ◄···	가은아(2009), 「중·고등학생을 위한 쓰기 윤리 교육의 방향과 지도 방안」, 『작문연구』 제8권, 한국작문학회, 231~250쪽.
	_____(2011), 「쓰기 발달의 양상과 특성 연구」, 한국교원대학교 박사논문.
	강승혜(1999), 「외국어 교수법 이론의 비판적 검토」, 『연세 교육연구』 12-1, 연세대학교 교육연구소, 131~153쪽.
	_____(2003), 「한국어교육의 학문적 정체성 정립을 위한 한국어교육 연구 동향분석」, 『외국어로서의 한국어교육』 28, 1~27쪽.
	김병성(1996), 『교육연구방법』, 학지사.
	김정숙(1999), 「담화 능력 배양을 위한 외국어로서의 한국어 쓰기 교육 방안 담화 능력 배양을 위한 외국어로서의 한국어 쓰기 교육 방안」, 『한국어 교육』 제10권 2호, 국제한국어교육학회, 195~213쪽.
	김현강(2009), 『매체인터뷰의 담화 전략』, 한국문화사.
	이효녕 외(2009), 「공학 계열 글쓰기 교육에 대한 인식 조사」, 『중등교육연구』 57, 경북대학교 사범대학부속 중등교육연구소, 167~186쪽.
	박기영(2008), 「외국인 유학생의 학문 목적 글쓰기에 대한 일고찰」, 『언어와 문화』 제4권 3호, 한국언어문화교육학회, 103~126쪽.
박사 ◄···	박나리(2009), 「학술논문의 텍스트성(textuality) 분석」, 이화여자대학교 박사논문.
	박민혜·이호(2010), 「영어 논술시험에서 표절방지교육의 효과와 표절유형에 대한 연구」, 『영어학』 제10권 4호, 한국영어학회, 759~985쪽.
	박석준(2008), 「국내 대학의 학문 목적 한국어 교육 현황 분석」, 『한국어교육』 제10권 1호, 국제한국어교육학회, 1~32쪽.
석사 ◄···	성화은(2011), 「대학생 영어 쓰기에서 표절 예방을 위한 인용과 환언하기 훈련 효과 분석」, 이화여자대학교 석사논문.
	윤소정·최용성·최병학·양삼석(2011), 「대학생의 연구윤리교육에서의 표절 실태 및 대안 연구」, 『윤리교육연구』 제24집, 한국윤리교육학회, 315~335쪽.
	이인재(2008), 「대학에서의 글쓰기 윤리교육」, 『작문연구』 제6권, 한국작문학회, 129~159쪽.
	_____(2010), 「연구진실성과 연구윤리 연구진실성과 연구윤리」, 『윤리교육연구』 21집, 한국윤리교육학회, 269~290쪽.
	이해영(2001), 「대학의 외국인 유학생을 위한 한국어 교육」, 『이중언어학』 제18권 1호, 이중언어학회, 279~301쪽.
	진대연(2006), 「한국어 학습자의 쓰기 능력 발달에 대한 연구: 발달 특성 및 수준 기술을 중심으로」, 서울대학교 박사논문.

최보미(2011), 「자기 조정 전략이 한국어 고급 학습자의 자기 주도적 쓰기에 미치는 효과 연구: 과정-장르 통합 교육을 중심으로」, 고려대학교 석사논문.

최윤곤(2003), 「유학생을 위한 한국어 교육 과정 설계」, 『한국어문학연구』 제41권, 한국어문학연구학회, 115~138쪽.

최은규(2009), 「국내 학문 목적 한국어 교육의 현황과 과제」, 『어문연구』 제37권 1호, 한국어문교육연구회, 333~358쪽.

최은지(2009), 「사회적 구성주의에 기반한 학문 목적 한국어 작문 교육 연구」, 고려대학교 박사논문.

최정순(2006), 「학문 목적 한국어 교육의 교육과정과 평가」, 『이중언어학』 제31권, 이중언어학회, 277~313쪽.

포스너(2009), 정해룡 역, 『표절의 문화와 글쓰기의 윤리(The Little Book of Plagiarism)』, 산지니.

한국텍스트언어학회(2004), 『텍스트언어학의 이해』, 박이정.

한송화(2010), 「학문목적 한국어 교육과정 설계의 실제: 대학 입학 전 한국어 교육과정을 중심으로」, 『한국어 교육』 제21권 1호, 국제한국어교육학회, 225~248쪽.

한양대학교 국어교육위원회(2009), 『외국인을 위한 글쓰기』, 한양대학교출판부.

황성근(2008), 「대학생의 글쓰기윤리와 표절 문제」, 『사고와표현』 제1권 1호, 한국사고와표현학회, 231~265쪽.

허용(2007), 『외국인 유학생을 위한 인문한국어』, 다락원.

책 ◄···

2 위의 참고문헌 중 동일 저자의 자료가 2편 이상 실린 예를 모두 찾으세요.

1) 가은아(2009), 가은아(2011)

2)

3)

3 위의 참고문헌 중 공저인 자료를 모두 찾으세요.

1) 이효녕 외(2009)

2)

3)

4 위의 참고문헌 중 번역서를 찾으세요. 원저자와 번역자의 이름을 써 보세요.

번역서 :

원저자 :

번역자 :

참고문헌의 일관성과 다양성

참고문헌이 없으면 논문이 아닌가요?

☑ 논문의 참고문헌 작성 방법은 모두 같을까 다를까?

☑ 한 편의 논문에서 참고문헌 목록을 작성할 때 같은 형식을 따르는 것이 왜 중요할까?

💡 생각해보기

정답 p191

1 맞으면 ○, 틀리면 × 하세요.

1) 학문 분야를 막론하고 참고문헌 목록의 작성 형식은 모두 같다. (○ / ×)

2) 한 편의 논문에서 참고문헌 작성 형식은 일관성이 있어야 한다. (○ / ×)

3) 참고문헌에서 단행본과 논문을 별도로 구분하여 목록화하기도 한다. (○ / ×)

💡 이해하기

참고문헌은 일정한 형식에 맞추어 작성한다. 따라서 자신의 소속 학교와 전공 분야의 규정 및 관행을 지켜야 한다. 이를 위해 반드시 확인해야 할 것은 두 가지이다. 첫 번째로는 학교에서 제공하는 논문 작성 지침이고 두 번째는 최근에 논문을 작성한 선배들의 논문이다.

A*

신경림(1993), 임상교육의 효과적인 대안에 관한 연구, 대한간호 32(5), 93-104.

양일심(1998), 간호이미지 결정요인에 관한 연구, 연세대학교 교육대학원 석사학위논문.

윤은자(1995), 간호단위 관리자의 전문간호 이미지 연구: Q-방법론적 접근, 중앙대학교 대학원 박사학위논문.

이명하, 장금성, 김인숙, 홍윤미, 하나선, 공병혜, 신미자, 강윤숙, 이태화 (2003), 간호전문직과 간호윤리, 서울: 현문사.

※ 정덕유·이민경(2015), 포괄 간호서비스를 제공하는 간호사의 간호업무와 직무 스트레스, 직무만족에 관한 연구, 간호행정학회지21-3, 287-296.

이복희, 고정은, 전화연(1993). 간호사 이미지에 대한 연구-대학생을 중심으로-. 동남보건 전
     문대학 논문집, 제10권, 331-341.
이성은(2001). 일대학 간호학생의 임상실습 만족도, 실습경험 분석 및 개선방향 제시 - 모성간호
     학 임상실습 중심-. 한국간호교육학회지, 7(2) 333-348.

B*
송경재(2010), "미국 소셜 네트워크 서비스 사용자의 특성과 정치참여."「한국과 국제정치」,
     26(3): 129-157.
송효진·고경민(2013), "SNS 정보서비스의 질, 정치효능감, 그리고 정치참여의 촉진."「한국정당
     학회보」, 12(1): 175-216.
신현기·우지숙(2011), "트위터에서 일어나는 정치적 담론활동에 대한 탐색적 연구: 2010년 6·2
     지방선거관련 트윗글 내용 분석을 중심으로."「언론과 사회」, 19(3): 45-76.
오택섭·설진아·마동훈·김해영 (2012), "SNS 정치발언의 사실검증." 한국언론학회,「정치적 소통
     과 SNS」, 403-440, 서울: 나남.
윤성이(2008), "온라인 정치참여 연구의 동향과 쟁점: 인터넷선거 연구를 중심으로."「정보화정
     책」, 15(3): 3-20.

※ 윤성이(2013), SNS정치참여 연구 동향, 정보화정책20-2, 3-19.

C**
남기심(2001),『현대 국어 통사론』, 서울 태학사.
남기심·고영근(1985/1993),『표준국어문법론』, 서울 탑출판사.
민현식(2002),「'부사성'의 문법적 의미」,〈한국어의미학〉 10, 27~250.
박소영(1999),「한국어 문장의 계층구조와 부사」,〈언어연구〉 19, 서울대 언어연구회, 43~73.

※※ 유현경(2011), 한국어 어말어미 체계에 대한 새로운 제안, 어문논총-i6, 189-212.

D***
1. 자료
일연,『삼국유사』, 이민수 옮김, 을유문화사, 1994. 1~505면.
일연,『삼국유사』, 리상호 옮김, 까치, 1999, 1~464면.
한국정신문화연구원,『한국구비문학대계』전 2권 및 부록, 1960~1989.
이인경,『〈한국구비문학대계〉소재 설화 해제』(한국학중앙연구원 장서각 연구총서4), 민속인,
     2008, 1~446면.
2. 논저
고미영,『가능성을 불러오는 이야기의 힘』,『국어국문학』146, 국어국문학회, 2007. 156~160면.
문무병,『제주도 당신앙 연구』, 제주대 박사학위논문, 1993, 1~314면.
유달선,『제주도 당신본풀이 연구』, 대구대 박사학위논문, 1994, 1~232면.

※※※김영희(2012), 한국 구전서사 속 "부친살해" 모티프의 역방향 변용 탐색, 古典文學硏究, 321-376.

E*

박지순(2006), 학술 논문 텍스트의 표지 분석, 연세대 석사학위 논문.

신명선(2006), 국어 학술텍스트에 드러난 헤지(Hedge) 표현에 대한 연구, 배달말 38, 배달말학
회. 151쪽~180쪽.

윤여옥(2012), 유학생의 한국어 학위논문 쓰기 교육을 위한 학위논문 연구방법 부분의 장르 분석
연구, 이화여대 석사학위 논문.

이수연(2012), 유학생의 한국어 학위논문 쓰기 교육을 위한 학위논문 결과 부분의 장르 분석 연구,
이화여대 석사학위 논문.

이윤진(2012), 외국인 유학생의 자료 사용의 윤리성에 대한 연구, 연세대 박사학위 논문.

이인영(2011), 외국인 대학생의 학술적 글쓰기에 나타난 오류 양상 연구, 현대문학의 연구 44, 한
국문학연구학회. 493쪽~526쪽.

* 이윤진(2014), '선행 연구
기술'의 주요 기능에 대한 연
구 -학문 목적 한국어 쓰기
지도를 목적으로-, 이중언어
학54, 239쪽-272쪽.

1. 연도

참고 문헌에서 연도는 앞이나 뒤에 올 수 있다. 일반적으로 '저자(연도)'와 같이 앞
에 놓이거나 '연도, 쪽수'와 같이 쪽수 정보와 함께 뒤에 오기도 한다. A, B, C, E는
연도 정보가 앞에 온 사례이고 D는 연도 정보가 뒤에 온 사례이다.

2. 부호 사용

참고문헌의 정보를 쉽게 구분할 수 있도록 하기 위해 부호가 사용된다. 부호 사용
은 필자의 선택이 아니라 정해진 규정에 따르는 것으로, 꼼꼼히 확인하고 준수하는
것이 중요하다.

표시	의미	예시
『 』	단행본(책 제목, 학술지명)	『현대 국어 통사론』 『한국언어문화학』
「 」	논문 제목	「연구 유형 분류를 통한 한국어교육학 연구의 경향 분석」
쪽 / 면	쪽수	120 – 150 120쪽 ~ 150쪽 120면 ~ 150면 pp120-150

위의 예시 이외에도 마침표(.), 쉼표(,), 각괄호(〈 〉), 큰따옴표(" ") 등이 쓰이기도 한
다. 단, 부호 사용이 다양해 보이지만 동일한 논문에서는 한정된 부호 사용과 형식을
준수해야 하기 때문에 참고문헌 작성의 일관성이 있어야 하는 것이다.

3. 자료와 논저의 구분

참고문헌 목록은 앞서 80-82쪽의 A, B, C와 같이 하나의 목록으로 작성하는 방법도 있고 D와 같이 '자료'와 '논저'로 구분하여 작성하는 방법도 있다.

연습하기

1 다양한 논문(학위논문, 소논문)의 참고문헌 목록의 형식을 살펴보자. 참고문헌의 사례를 하나씩 적은 후 연도 정보(앞 또는 뒤)가 어디에 있는지 참고문헌 작성에 사용된 부호는 무엇인지 어떻게 쓰였는지 알아보자.

논문 유형	참고문헌 사례	연도 정보의 위치	사용된 부호
석사학위논문			

참고문헌의 배열 순서
자료의 배열 순서가 따로 있어요?

☑ 참고문헌의 배열 순서에는 어떤 규칙이 있을까?

☑ 방대한 참고 자료들을 어떤 순서로 제시해야 가독성이 높아질까?

🔍 생각해보기

정답 p191

1 참고문헌 목록에 대해 맞으면 ○, 틀리면 × 하세요

1) 국내 논저를 먼저, 외국 논저를 그 뒤에 배열한다. (○ / ×)

2) 참고문헌 배열의 첫 번째 기준은 출간 연도이다. (○ / ×)

3) 국내 논저는 저자명을 가나다순으로, 외국 논저는 알파벳순으로 배열한다. (○ / ×)

💡 이해하기

참고문헌은 일정한 형식을 갖추어 배열해야 한다. 체계적으로 정리된 참고문헌을 통해 독자는 해당 학위논문의 바탕이 된 자료들을 한눈에 파악하고 쉽게 찾을 수 있다. 참고자료의 배열에서는 저자명(가나다순), 자료의 간행 연도 등을 살펴보아야 한다.

첫 번째 기준		두 번째 기준		세 번째 기준
국내 논저인가 국외 논저인가?	⋯▶	저자명을 가나다순(알파벳순)으로 했을 때 어디에 속하는가?	⋯▶	출간 연도가 언제인가?
예 국내 논저→외국 논저		예 ㄱ → ㅎ A → Z		예 1995→2015

참고문헌 배열의 원칙

✓ 국내 논저 → 국외 논저 순으로 배열한다.

✓ 국내 논저는 저자명의 한글 자모음(ㄱ → ㅎ) 순으로,
   국외 논저는 저자명의 알파벳(A → Z) 순으로 한다.

✓ 위의 조건을 따른 후에는 출간 연도 순으로 배열한다.

연습하기

정답 p191

1 A와 B중에서 참고문헌 목록 제시 순서가 바른 것은 무엇인지 그 이유는 무엇인지 말해 보세요.*

제시 순서가 바른 것 :

이유 :

A

김한샘(2005), 현대 국어 사용 빈도 조사 2, 국립국어원.

남길임·송현주(2008), 조선시대 필사본 음식조리서의 음식 용어 의미 주석을 위한 연구:「음식디미방」을 중심으로, 한국어 의미학 제26호, 47-72쪽, 한국어의미학회.

목정수(2014), 사전과 코퍼스 두껍게 읽기: 서상규, 한국어 기본어휘 의미빈도사전(한국문화사, 2014), 어문론총 제60호, 331-346쪽, 한국문학언어학회.

문영호 외(1993), 조선어 빈도수 사전, 과학백과사전종합출판사.

배주채·곽용주(2000), 외국인 학습자를 위한 초급 한국어 사전 개발(보고서), 문화관광부.

서상규(2001), 말뭉치의 주석과 한국어 기본 어휘 의미 빈도 사전, 계량언어학 1집, 57-104쪽, 박이정.

안의정(2012), 한국어 빈도 사전 편찬을 위한 기초 연구, 한국사전학 제20호, 234-258쪽, 한국사전학회.

연세대학교 언어정보개발연구원(1998), 연세 한국어 사전, 두산동아.

조남호(2003), 한국어 학습용 어휘 선정 결과 보고서, 국립국어연구원.

최현배·이승화(1956), 우리말 말수 사용의 잦기 조사, 문교부.

B

최현배, 이승화(1956), 우리말 말수 사용의 잦기 조사, 문교부.

조남호(2003), 한국어 학습용 어휘 선정 결과 보고서, 국립국어연구원.

안의정(2012), 한국어 빈도 사전 편찬을 위한 기초 연구, 한국사전학 제20호, 234-258쪽, 한국사전학회.

연세대학교 언어정보개발연구원(1998), 연세 한국어 사전, 두산동아.

서상규(2001), 말뭉치의 주석과 한국어 기본 어휘 의미 빈도 사전, 계량언어학 1집, 57-104쪽, 박이정.

배주채·곽용주(2000), 외국인 학습자를 위한 초급 한국어 사전 개발(보고서), 문화관광부.

* 아래 논저의 참고문헌에서 일부를 가져온 것이다.
서상규(2015), 기본 어휘 '먹다'의 의미 빈도와 텍스트 유형, 외국어로서의한국어교육42, 109-141.

김한샘(2005), 현대 국어 사용 빈도 조사 2, 국립국어원.

남길임·송현주(2008), 조선시대 필사본 음식조리서의 음식 용어 의미 주석을 위한 연구:「음식디미방」을 중심으로, 한국어 의미학 제26호, 47-72쪽, 한국어의미학회.

목정수(2014), 사전과 코퍼스 두껍게 읽기: 서상규, 한국어 기본어휘 의미빈도사전(한국문화사, 2014), 어문론총 제60호, 331-346쪽, 한국문학언어학회.

문영호 외(1993), 조선어 빈도수 사전, 과학백과사전종합출판사.

2 A와 B중에서 참고문헌 목록 제시 순서가 바른 것을 찾아보세요. 정답 p192

제시 순서가 바른 것 : ....

이유 : ....

A

Hyland, K. (2001). Humble servants of the discipline? Self-mention in research articles. English for Specific Purposes, 20, 207-226.

Kuo, C. H. (1999). The use of personal pronouns: Role relationships in scientific journal articles. English for Specific Purposes, 18(2), 121-138.

강범모(2002), 한국어의 텍스트 장르와 언어특성, 고려대학교 출판부.

박나리(2013), 학문목적 한국어 쓰기 학습자를 위한 학술논문 각주 분석-텍스트 기능과 기능별 언어표현을 중심으로-, 작문연구17집, 227쪽-269쪽.

안소진(2012), 학술논문 문형의 문법적 특징과 담화 기능에 대하여-국어국문학 분야의 학술논문을 대상으로, 어문연구73, 87쪽-107쪽.

B

강범모(2002), 한국어의 텍스트 장르와 언어특성, 고려대학교 출판부.

박나리(2013), 학문목적 한국어 쓰기 학습자를 위한 학술논문 각주 분석-텍스트 기능과 기능별 언어표현을 중심으로-, 작문연구17집, 227쪽-269쪽.

안소진(2012), 학술논문 문형의 문법적 특징과 담화 기능에 대하여-국어국문학 분야의 학술논문을 대상으로, 어문연구73, 87쪽-107쪽.

Hyland, K. (2001). Humble servants of the discipline? Self-mention in research articles. English for Specific Purposes, 20, 207-226.

Kuo, C. H. (1999). The use of personal pronouns: Role relationships in scientific journal articles. English for Specific Purposes, 18(2), 121-138.

정답 p192

3 동일 저자의 동일 연도 성과가 2편 이상 있을 때 참고문헌 목록 작성 방법이 적절한 것을 A~D에서 모두 고르세요.

작성 방법이 적절한 것 :

이유 :

A

강현화(2015), 다문화 영역 한국어교육 연구 경향 분석, 언어사실과 관점35, 105-126쪽.

강현화(2015), 한국어 교재의 숙달도별 품사 분석 연구: 국내 교육기관 교재를 중심으로, Foreign languages education 22-1, 327-344

B

강현화(2015a), 다문화 영역 한국어교육 연구 경향 분석, 언어사실과 관점35, 105-126쪽.

강현화(2015b), 한국어 교재의 숙달도별 품사 분석 연구: 국내 교육기관 교재를 중심으로, Foreign languages education 22-1, 327-344

C

강현화(2015ㄱ), 다문화 영역 한국어교육 연구 경향 분석, 언어사실과 관점35, 105-126쪽.

강현화(2015ㄴ), 한국어 교재의 숙달도별 품사 분석 연구: 국내 교육기관 교재를 중심으로, Foreign languages education 22-1, 327-344

D

강현화(2015㉠), 다문화 영역 한국어교육 연구 경향 분석, 언어사실과 관점35, 105-126쪽.

강현화(2015㉡), 한국어 교재의 숙달도별 품사 분석 연구: 국내 교육기관 교재를 중심으로, Foreign languages education 22-1, 327-344

4 다음 자료를 참고문헌 배열 순서에 맞게 목록을 작성해 보세요.* 정답 p192

한재영·윤희원·서혁(2001), 21세기 해외한국학 진흥 및 국제교류 활성화 방안 연구, 한국어교육 12-2, 255쪽-282쪽.

정정숙(2012), 국제문화교류 진흥방안, 한국문화관광연구원.

오문경(2013), 한류 콘텐츠를 활용한 한국어 국외 보급 정책 연구 : 한류 기반 잠재적 학습자를 대상으로, 한국외국어대학교 박사학위논문.

최정순(2006), 학문 목적 한국어 교육의 교육과정과 평가, 이중언어학31, 이중언어학회, 277쪽-313쪽.

박석준(2008), 국내 대학의 학문 목적 한국어 교육 현황 분석 -입학 후 과정을 중심으로-, 한국어 교육, 19-3, 국제한국어교육학회, 1쪽-32쪽.

윤용섭(1997), 지방자치단체의 국제교류 내실화 방안: -경상북도의 해외자매결연 지역을 중심으로, 국제학논총, 2, 203쪽-224쪽.

한국국제교류재단(2016), 2016년 지구촌 한류현황(E-BOOK), 한국국제교류재단.

조태린(2011), 국가 브랜드와 한국어 교육 정책 : '세종학당' 공동 브랜드화 사업을 중심으로, 한글 294, 한글학회, 199쪽-224쪽.

* 아래 논저의 참고문헌에서 일부를 가져온 것이다. 이윤진(2017), 국제 교류 목적의 한국어 교육 현황 고찰, 언어와문화13-4, pp185-186.

Memo

참고문헌 목록 작성 연습

참고문헌 만드는 데도 연습이 필요하다고요?

✓ 참고문헌을 작성할 때 필요한 정보는 무엇일까?

✓ 참고문헌 작성 형식을 내가 자유롭게 정할 수 있을까?

🔅 생각해보기

1 다음은 참고문헌 목록을 작성할 때 필요한 정보일까요 불필요한 정보일까요?   정답 p193
선택해 보세요.

1) 학위수여 기관

☐ 필요하다   ☐ 필요하지 않다

2) 단행본의 가격

☐ 필요하다   ☐ 필요하지 않다

3) 저자명

☐ 필요하다   ☐ 필요하지 않다

4) 출간 연도

☐ 필요하다   ☐ 필요하지 않다

5) 논문이 게재된 학술지명

☐ 필요하다   ☐ 필요하지 않다

6) 단행본의 사이즈와 디자인

☐ 필요하다   ☐ 필요하지 않다

이해하기

1. 필수 서지정보

이력서를 쓸 때 반드시 포함되는 개인정보에 이름, 연락처, 주소 등의 정보가 빠질 수 없듯이 참고자료 목록을 작성할 때도 꼭 필요한 정보가 있다. 이것을 '필수 서지정보'라 한다.

다음은 Riss에서 자료를 검색했을 때 볼 수 있는 화면이다. 아래에서 필수 서지정보를 찾아 참고문헌 목록 작성의 형식에 맞추어 써야 한다. 부호 사용 여부 및 선택은 소속 기관의 논문 작성 규정을 따른다.

2. 학위논문의 필수 서지정보

✓ 저자, 연도, 논문 제목, 학위수여기관

Riss 검색 화면 −학위논문 예시

한국어 완화 표현 연구 = A study on mitigating devices in the Korean language

· 저자	고재필
· 형태사항	182 p. : 삽화 ; 26 cm
· 일반주기	참고문헌 수록
· 학위논문사항	학위논문(석사)-- 서울대학교 대학원 : 국어국문학과 2017. 2
· DDC	895.7 22
· 발행국	서울
· 출판년	2017
· 주제어	

완화, 헤지, 공손성, 모호성, 간접성, 책임성, 의료 담화, 정치 담화, mitigation, hedge, politeness, indirectness, respons

· 소장기관	서울대학교 중앙도서관 🏠
· 초록 (Abstract) ▼	

본고의 목적은 한국어의 완화 표현을 작동 방식에 따라 분류하고, 그 형식과 기능을 기술하는 것이다. 완화 표현이란 대화 책임을 감소시키기 위해 ...

다음의 순서로 적는다.

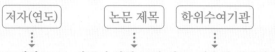

고재필(2017), 한국어 완화 표현 연구, 서울대 석사학위논문.

3. 학술지논문의 필수 서지정보

✓ 저자, 연도, 논문 제목, 학술지명, 권호, 학회명, 게재 면(쪽수).

RISS 검색 화면 – 학술지논문 예시

다문화사회에서의 초등학교 반편견교육
= Anti-bias Education of Elementary School in Multi-cultural Society

· 제어번호	82403303
· 저자명	이인재 🔒 연구자관계분석
· 학술지명	윤리교육연구
· 권호사항	Vol.22 No.- [2010]
· 발행처	한국윤리교육학회
· 자료유형	학술저널
· 수록면	253-272(20쪽)
· 언어	Korean
· 발행년도	2010년
· KDC	370.88
· 등재정보	KCI등재

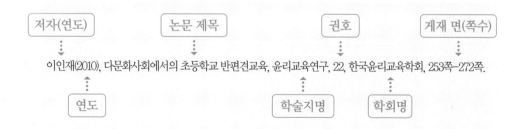

이인재(2010), 다문화사회에서의 초등학교 반편견교육, 윤리교육연구, 22, 한국윤리교육학회, 253쪽–272쪽.

연습하기

정답 p193

1 필수 서지정보를 찾아 참고문헌 목록 작성의 형식에 맞추어 써 보세요.

1)

한국어 고급 학습자들의 확장형 읽기를 위한 현대 단편 소설 선정 연구

• 저자	조윤정
• 형태사항	iii, 100 p. : 도표 ; 26 cm
• 일반주기	지도교수: 김정숙 참고문헌: p. 87-93
• 학위논문사항	학위논문(석사)-- 고려대학교 대학원: 국어국문학과 2017. 2
• 발행국	서울
• 출판년	2017

2)

한국의료패널로 본 간병이용과 영향요인

• 기타서명	Use of caregiving by the Korea health panel and influencing factors
• 저자	고검지
• 형태사항	[iv], 45 p. : 삽화 ; 26 cm
• 일반주기	경희대학교 논문은 저작권에 의해 보호받습니다. 지도교수: 오인환 참고문헌: p. 42-45
• 학위논문사항	학위논문(석사)-- 경희대학교 공공대학원 : 의료관리학과 2017. 8
• DDC	351-E 22
• 발행국	서울
• 출판년	2017

3)

학령기 후기 아동의 삶의 질 측정도구 개발

- **기타서명**   Development of a measurement for quality of life of higher grade primary school children
- **저자**   신희건   👤 연구자관계분석
- **형태사항**   ix, 138 p. : 삽화 ; 26 cm
- **일반주기**   지도교수: 유일영
- **학위논문사항** 학위논문(박사)-- 연세대학교 대학원 : 간호학과 2013. 2
- **발행국**   서울
- **출판년**   2013

4)

한국과 서구의 다문화 사회의 차이와 정책 비교
= A Study on the difference between Korean and Western Multicultural Societies and Comparison of their Policies

http://www.riss.kr/link?id=A824254

- **제어번호**   82425438
- **저자명**   임형백   👤 연구자관계분석
- **학술지명**   다문화사회연구(The journal of migration & society)
                   학술지 이력 ▾   학술지 인용정보 ▾
- **권호사항**   Vol.2 No.1 [2009]
- **발행처**   숙명여자대학교
- **자료유형**   학술저널
- **수록면**   161-192(32쪽)
- **언어**   Korean
- **발행년도**   2009년

활용도 Summary

View
Usage
Share

5)

한류예술산업의 세계화 동향과 전망 : K-POP, 국내 배우의 할리우드 진출을 중심으로   http://www.riss.kr/link?id=A102§

· 제어번호	102922113
· 저자명	이호규
· 학술지명	콘텐츠 문화
· 권호사항	Vol.3 No.- [2013]
· 발행처	문화예술콘텐츠학회
· 자료유형	학술저널
· 수록면	153-191(39쪽)
· 언어	Korean
· 발행년도	2013년

활용도 Summary

View
Usage
Share

6)

대학생의 스마트폰 중독에 영향을 미치는 요인에 관한 연구
= A study on factors affecting smart-phone addiction in university students : A focus on differences in classifying risk groups
http://www.riss.kr/link?id=A99757641

· 제어번호	99757641
· 저자명	김병년(Kim, Byoungnyun) ,고은정(Ko, Eunjung) ,최홍일(Choi, Hongil)
	👤 연구자관계분석
· 학술지명	한국청소년연구
· 권호사항	Vol.24 No.3 [2013]
· 발행처	한국청소년정책연구원(구, 한국청소년개발원)
· 자료유형	학술저널
· 수록면	67-98(32쪽)
· 언어	Korean
· 발행년도	2013년
· 등재정보	KCI등재

활용도 Summary

View
Usage
Share

2 자신의 논문 주제 또는 관심 분야와 관련된 참고문헌 목록을 작성해 보세요.

- 소속 기관의 참고문헌 작성 규정을 확인한 후 그것을 준수하여 작성할 것
- 총 10편 이상 작성할 것
  (학위논문 3편 이상, 학술지논문 3편 이상, 단행본 2편 이상 포함)
- 참고문헌 배열 순서를 잘 고려할 것

6부
제목과 목차

논문의 제목

논문 제목 달기에도 규칙이 있어요?

☑ 논문의 제목을 통해 무엇을 알 수 있을까?

☑ 어떤 제목이 좋은 제목일까?

💡 생각해보기

1 어떤 제목이 좋은 논문 제목이라고 생각합니까? 그 이유는 무엇입니까?

정답 p194

2 다음 예시가 논문의 제목으로 적절한지 생각해 보세요. 그리고 그렇게 판단한 이유를 말해 보세요.

1) 국어사전의 변화?

부적절하다 ◀▶ 적절하다
1   2   3   4   5   이유 :

2) 아동의 쓰기 발달 양상 분석하기

부적절하다 ◀▶ 적절하다
1   2   3   4   5   이유 :

3) 미술 교육론

부적절하다 ◀▶ 적절하다
1   2   3   4   5   이유 :

4) 진로탐색 교육과정 설계랑 운영

부적절하다 ←→ 적절하다
1   2   3   4   5   이유 :

5) 다문화가정

부적절하다 ←→ 적절하다
1   2   3   4   5   이유 :

6) 인문계 고등학생의 비평문 쓰기 능력 향상을 위한 지도 방안

부적절하다 ←→ 적절하다
1   2   3   4   5   이유 :

7) 최근의 심각한 환경 문제

부적절하다 ←→ 적절하다
1   2   3   4   5   이유 :

이해하기

제목은 논문에 대한 첫 느낌을 주는 정보이다. 제목을 통해 연구 내용, 대상, 방법, 주제 등의 정보를 알 수 있다. 논문의 제목이 어떤 측면에서 중요한지 어떤 형식을 갖추어야 하는지 살펴보자.

1. 논문 제목의 중요성

✓ 제목은 논문 전체의 첫 인상을 좌우한다.

✓ 제목은 논문의 내용 전체를 압축하여 보여준다.

✓ 독자는 논문의 제목을 보고 논문을 읽을지 말지를 결정한다.

2. 논문 제목의 형식

▶ 논문의 제목은 일반적으로 명사로 끝맺는다.

⟨예⟩ ~ 연구, ~ 검토, ~ 분석, ~ 개발, ~ 영향, ~ 효과, ~ 방안, ~ 고찰

Tip 논문 제목 작성 시의 주의점

✓ 용언의 명사형(-기, -음)으로 끝맺지 않는다.

⟨예⟩ ~분석하기(×)

~방안 찾기(×)

~연구함(×)

✓ 의문형 제목도 가능하지만 학문 분야에 따라서는 보편적이지 않을 수도 있다. 또한 대학(원)생의 보고서나 학술지논문에서 의문형 제목을 드물게 발견할 수 있지만 학위논문에서는 의문형 제목을 찾기 어렵다.

⟨예⟩ 국어사전의 변화? (△)

인터넷 실명제, 효과적인 대책? (△)

---

3. 논문 제목의 표현

제목을 작성할 때는 적절한 표현을 사용해야 한다. 지시 표현, 추상적 시점 표현, 구어적 표현, 축약형 등은 논문 제목에 어울리지 않는다.

부적절한 표현	사례
지시 표현	• ~의 현황과 <u>그</u> 문제점 (×) • ~의 실태 조사 분석과 <u>이것</u>의 애로점 (×)
추상적 시점 표현	• ~에 대한 <u>근래의</u> 현상 연구 (×) • <u>최근의</u> 신조어의 경향성 분석 (×)
구어 표현	• 결혼이주여성<u>이랑</u> 자녀들의 의사소통 문제 연구 (×)
축약형	• 외국인 유학생의 <u>알바</u> 현황 조사 (×)

4. 논문 제목 길이와 핵심어

▶ 논문 전체 내용을 압축적으로 보여주는 핵심어가 반드시 포함되어야 한다.

   * 단, 논문 제목이 과도하게 길어지지 않도록 유의한다.

▶ 논문 주제를 짐작할 수 있는 구체적인 제목이어야 한다.

제목 예시	문제점
• 국내 학생과 선생님들의 태도가 다문화가정 자녀들에게 주는 문화 적응 어려움과 해결방법 (×)	논문 제목이 좀 더 간결해야 한다.
• 대학생 스트레스 (×)	논문의 주제가 너무 폭넓다. 대상 및 연구 내용을 더 구체적으로 알 수 있는 제목으로 수정해야 한다.

연습하기

정답 p194

1 다음을 적절한 논문 제목으로 바꾸려고 합니다. 수정 방법을 제안해 보세요.

예시	수정 방법 제안
1) 유학생이 생각하고 있는 한국 대학교의 선후배 관계	
2) 대학원생들이 선호를 하는 강의를 조사함	
3) 근력 운동의 중요성과 이것의 방법	

2 전공 및 관심 분야의 논문을 찾아 좋은 제목이라 생각되는 것을 5개 이상 써 보세요. 그렇게 판단한 이유를 말해 보세요.

1)

2)

3)

4)

5)

3 자신만의 논문 제목을 만들어 보세요.

1) 전공 및 관심 분야에서 자주 쓰이는 용어를 10개 이상 써 보세요.

2) 위의 용어를 조합하여 5개 이상의 논문 제목을 새롭게 만들어 보세요. 다음의
   표현을 활용해도 좋습니다.

| ~에 관한. | ~에 대한, | ~을/를 통한, | ~기반의, | ~ 중심의 |

①

②

③

④

⑤

부제의 기능

부제를 달까 말까 정하기 어려울 때는요?

☑ 모든 논문에 부제가 필요할까?

☑ 부제는 어떨 때 달아야 할까?

생각해보기

정답 p195

1 맞으면 ○, 틀리면 × 하세요.

1) 모든 논문의 제목에는 부제가 달려 있다. (○ / ×)

2) 부제를 달 때 부호는 어떤 것이든 자유롭게 선택하여 사용할 수 있다. (○ / ×)

3) 부제는 제목의 위에 단다. (○ / ×)

4) 일반적으로 부제를 제목보다 더 크게 강조하여 쓴다. (○ / ×)

5) 부제에는 '~을/를 중심으로', '~을/를 대상으로'와 같은 표현이 자주 쓰인다. (○ / ×)

2 논문 제목과 부제를 바르게 연결해 보세요.

제목	부제
1) 보행에 영향을 미치는 가로환경의 특성	30대 결혼이주여성을 대상으로
2) 청소년 스마트폰 중독에 관한 분석	중학교 2학년생을 대상으로
3) 국내 다문화가정의 사회적응 실태 분석	계절별 차이를 중심으로

이해하기

1. 부제의 기능

논문의 제목에서 부제의 사용은 선택적이다. 부제는 논문 제목에 담지 않은 정보를 더 구체적으로 밝히는 기능을 한다. 부제를 통해 연구의 대상, 시기, 방법 등을 나타낼 수 있다.

2. 부제에 사용되는 표현

부제에서는 '~을/를 대상으로', '~을/를 중심으로', '~을/를 목적으로'와 같은 표현을 발견할 수 있다.

제목과 부제	설명
대학 신입생의 음주와 학업 성취도의 관계 -서울 지역 B대학의 사례를 중심으로-	모든 대학 신입생으로 일반화할 수 없기 때문에 서울 지역의 특정 학교임을 부제에서 밝히고 있다.
소셜미디어가 한류 마케팅에 미치는 영향 연구 - 2010년대 이후를 중심으로-	연구 내용 및 결과가 사회 변화와 시기에 영향을 많이 받는 주제이다. 따라서 어느 시기의 연구인지 부제를 통해 명확히 하고 있다.

연습하기

1 전공 분야의 최근 학위 논문에서 부제가 달린 논문 목록을 5편 이상 찾아 써 보세요. 그리고 그 부제를 단 이유를 생각해 보세요.

제목	부제	부제를 단 이유
1)		
2)		
3)		
4)		
5)		

2 자신이 다음 논문의 필자라고 가정하고 각 제목에 어울리는 부제를 만들어 보세요.

1) 치매 노인의 언어사용 분석

부제 :

2) 직장인의 식후 브랜드 커피 전문점 이용 실태

부제 :

3) 미혼모 복지정책의 현황과 개선 방안

부제 :

4) 음악 치료가 우울감 해소에 미치는 영향

부제 :

5) 다문화가정의 고부 갈등 요인과 해결 방안

부제 :

목차의 형식과 구성

목차를 보면 논문 내용이 보인다고요?

☑ 논문의 형식에도 규칙이 있을까?
☑ 목차의 구성은 어떻게 할까?

💡 생각해보기

정답 p196

1 A~D 중에서 목차의 장 번호 형식이 적절한 것을 모두 찾아보고 그 이유를 말해 보세요.

적절한 것 : ....

그 이유 : ....

A	B	C	D
1. 서론	Ⅰ. 서론	Ⅰ. 서론	a. 서론
2.	Ⅱ.	Ⅱ.	b.
2.1.	1.	A.	ⓐ.
2.2.	2.	B.	ⓑ.
3.	Ⅲ.	Ⅲ.	c.
3.1.	1.	A.	ⓐ.
3.2.	2.	B.	ⓑ.
4. 결론	Ⅳ. 결론	Ⅳ. 결론	d. 결론

정답 p196

2 A~D 중에서 목차의 정렬 형식으로 적절한 것을 모두 찾아보고 그 이유를 말해 보세요.(들여쓰기)

적절한 것 : ....

그 이유 : ....

A	B	C	D
1. 서론	Ⅰ. 서론	1. 서론	Ⅰ. 서론
2.	Ⅱ.	2.	Ⅱ.
2.1.	1.	2.1.	1.
2.2.	2.	2.2.	2.
3.	Ⅲ.	3.	Ⅲ.
3.1.	1.	3.1.	1.
3.2.	2.	3.2.	2.
4. 결론	Ⅳ. 결론	4. 결론	Ⅳ. 결론

🔍 이해하기

목차는 논문의 내비게이션 역할을 한다. 목차는 논문의 전체 내용이 어떤 순서로 어떻게 구성되어 있는지 한눈에 보여준다. 따라서 목차에서는 <u>가독성</u>이 매우 중요하다.

1. 목차 작성의 형식

✔ 장과 절 제목에 쓰는 번호 형식은 관행을 따른다.
(전공 분야 및 학교 규정 참고)

✔ 목차는 층위에 맞게 구성해야 한다.
(대제목, 중제목, 소제목……)

✔ 목차의 층위는 곧 논문의 골격에 해당한다. 최상위의 목차일수록 눈에 가장 잘 띄도록 한다.

✔ 하위 목차의 내용은 효율적으로 전달하되 논문의 모든 내용 제목을 목차에 밝힐 필요는 없다.

2. 목차의 '장 번호' 형식

다음은 논문에서 목차의 장 번호 형식 가운데 대표적인 예이다. 아라비아 숫자(1,2,3……)나 로마 숫자(Ⅰ,Ⅱ,Ⅲ……)가 모두 사용될 수 있는데 소속 대학에서 관행적으로 지키고 있는 번호 체계를 따르는 것이 가장 좋은 방법이다.

아라비아 숫자 예시	로마자 예시
1. 서론	Ⅰ. 서론
2.	Ⅱ.
3.	Ⅲ.
4. 결론	Ⅳ. 결론

111

> **Tip**
> • 목차에 표시되는 장 번호가 '가, 나, 다...', '⑴, ⑵, ⑶...', 'ⓐ, ⓑ, ⓒ...'
>   등으로 시작하는 경우는 거의 없다.

3. 목차의 '절'과 '항' 번호 형식

목차의 절과 항 번호에는 일관성과 체계성이 있어야 한다. 아라비아 숫자만으로도 목차 번호를 붙일 수 있으며(사례①) 로마 숫자(사례②)와 알파벳 대문자(사례③)도 목차의 층위를 나타내는 데 자주 사용된다.

사례①	사례②	사례③
1. 서론 2. 　2.1. 　2.2. 3. 　3.1. 　　3.1.1. 　　3.1.2. 　3.2. 　　3.2.1. 　　3.2.2. 4. 결론	Ⅰ. 서론 Ⅱ. 　1. 　2. Ⅲ. 　1. 　　1.1. 　　1.2. 　2. 　　2.1. 　　2.2. Ⅳ. 결론	Ⅰ. 서론 Ⅱ. 　A. 　B. Ⅲ. 　A. 　　1. 　　2. 　B. 　　1. 　　2. Ⅳ. 결론

또한 목차의 층위가 한 단계씩 낮아질수록 들여쓰기를 하면 가독성이 높아진다.

4. 목차 번호(부호)의 층위

목차 번호 또는 부호를 사용할 때는 소속 대학이나 학과의 관행을 따르는 것이 좋다. 장, 절, 항보다도 낮은 층위일 때 목차번호를 임의로 붙여서는 안 된다.

〈목차 번호(부호)의 층위 사례〉

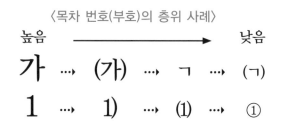

높음 ──────────▶ 낮음

가 ⋯ (가) ⋯ ㄱ ⋯ (ㄱ)

1 ⋯ 1) ⋯ ⑴ ⋯ ①

> **Tip** 부호 사용에 따른 층위 구분
>
> 1 › $2)$ › (2)
>
> - 일반적으로 괄호가 없는 것이 괄호가 있는 것보다 층위가 높다.
> - 외괄호가 양괄호보다 층위가 높다.

5. 실제 내용 제목과 목차 구성

논문에 담긴 모든 내용 제목들을 실제 목차에 표시해야 하는 것은 아니다. 층위가 낮은 제목까지 모두 나타내면 자칫 목차가 장황해질 수 있다.

학위논문의 목차를 작성할 때는 논문의 전체 내용에서 어느 층위까지 표시할 것인가를 결정해야 한다.

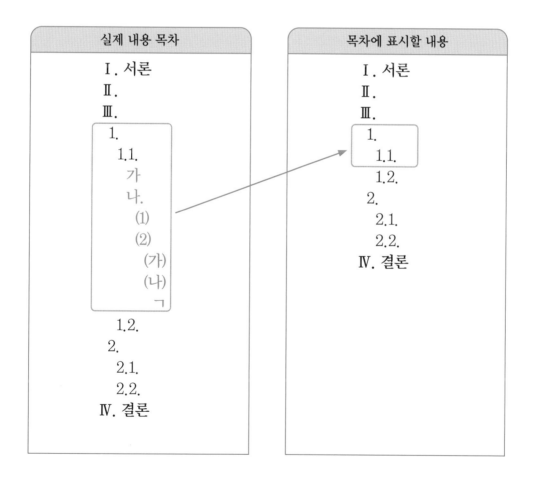

연습하기

1 자신이 소속된 학교의 최신의 석사학위 논문 1편을 찾아 실제 내용 목차와
목차에 표시된 것에 차이가 있는 부분을 찾아보세요. 그 일부를 옮겨 써 보세
요. (목차 번호, 들여쓰기를 그대로 옮겨 보세요)

실제 내용 목차	목차에 표시된 내용

2 자신이 소속된 학교의 최신의 박사학위 논문 1편을 찾아 실제 내용 목차와
목차에 표시된 것에 차이가 있는 부분을 찾아보세요. 그 일부를 옮겨 써 보세
요. (목차 번호, 들여쓰기를 그대로 옮겨 보세요)

실제 내용 목차	목차에 표시된 내용

7부
연구계획서

연구계획서란?

연구계획서를 언제 왜 써요?

☑ 연구계획서는 왜 중요하며 어떤 특징을 가질까?

💡 생각해보기

정답 p197

1 맞으면 ○, 틀리면 × 하세요.

1) 연구계획서는 논문을 모두 완성한 뒤에 작성하는 것이다. (○ / ×)

2) 연구 주제는 바뀔 수도 있으므로 연구계획서는 구체적으로 작성하지 않는 것이 좋다. (○ / ×)

3) 연구계획서도 논문과 함께 공개되는 글이다. (○ / ×)

4) 연구계획서에는 연구의 목적, 내용, 방법, 의의 등이 포함된다. (○ / ×)

2 A~C 중에서 연구계획서의 일부에 해당하는 것을 찾아보세요. 그렇게 판단한 이유를 말해 보세요.

연구계획서 : ⋯⋯⋯⋯⋯⋯⋯⋯⋯⋯⋯⋯⋯⋯⋯⋯⋯⋯⋯⋯⋯⋯⋯⋯⋯⋯⋯⋯⋯⋯⋯

이유 : ⋯⋯⋯⋯⋯⋯⋯⋯⋯⋯⋯⋯⋯⋯⋯⋯⋯⋯⋯⋯⋯⋯⋯⋯⋯⋯⋯⋯⋯⋯⋯⋯⋯⋯⋯

> A
>
> 앞서 학술텍스트의 장르적 특성을 잘 드러내는 정형화된 고빈도 헤지 표현으로서 '-ㄹ 수 있다'의 가치를 확인하였다. 본 장에서는 실제 학술텍스트에서 사용된 '-ㄹ 수 있다'의 용례 중에서 정형화된 헤지 구문을 귀납적으로 도출하여 그 특징을 고찰한다. 대표적인 통합형 헤지 구문으로서, 크게 인용절과 결합하는 '-ㄹ 수 있다'와 명사절과 결합하는 '-ㄹ 수 있다'를 중심으로 살핀다.

B

이 연구는 크게 '교육 자료 분석', '교육 현장 조사'의 관점에서 진행하고자 한다. 첫째, 교육 자료 분석에서는 한국어 교재에서 유사 담화 기능의 문형을 어떻게 다루고 있는지를 알아볼 것이다. 가령, 용례 선정과 제시, 의미 설명, 유사 담화 기능 간이 차이 부각 등의 측면을 어떻게 다루고 있는지에 대한 자료 분석이 필요하다. 둘째, 실제 한국어 교육 현장에서 교사는 유사 담화 기능의 문형에 대해 어떠한 인식을 가지고 어떤 교수법을 통해 학습자에게 제시하고 있는지, 학습자는 유사 담화 기능의 문형을 배울 때 어떤 의문점과 요구를 가지고 있는지를 밝히고자 한다.

C

이 연구의 결과는 실제 논문 쓰기 교육에서 유용한 문형과 예문 등을 선별하는 데 기초 자료로 활용될 수 있을 것이다. 또한 텍스트 장르별 접근에서 한 걸음 더 나아가, 학술논문의 구성 체제별로 문형의 기능 차이를 변별해 보고 그것을 교수·학습에 적용하려 했다는 점에서 의의가 있다.

이해하기

1. 연구계획서의 개념

연구계획서란 연구 수행 이전 단계에, 앞으로 진행하고자 하는 연구의 주제, 목적, 내용, 방법, 의의 등을 압축하여 설득력 있게 작성한 글이다.

2. 용어

연구계획서는 '연구요약', '연구개요', '초록' 등으로도 불린다. 다만 '연구요약', '연구개요', '초록'은 연구 수행 후에 그 성과를 요약하여 작성한 글이라는 의미로도 쓰이므로 주의가 필요하다.

3. 연구계획서의 특징

✓ 연구계획서는 압축성, 명료성, 구체성이 충족된 통제된 쓰기이다.

✓ 연구계획서는 본격적인 연구 수행의 시작점이 되는 쓰기이지만 '결과물'로는 공표되지 않는다.

✓ 연구계획서는 논문으로서 발전 가능성 즉 학문적 가치를 평가받는 첫 번째 쓰기이다.

> Tip
>
> 연구계획서는 일반적으로 약 1~3매(A4) 내외로 최대한 내용을 압축하면서도 필자가 연구를 어떻게 실현할 것인가에 대한 구체적인 틀을 독자가 이해하기 쉽게 제시해야 한다는 측면에서 명료성과 구체성이 전제되는 쓰기이다.

연습하기

1 유튜브(www.youtube.com)에 접속하여 '연구계획서' 관련 강의 영상을 시청해 봅시다. '연구계획서'로 검색하면 다수의 영상을 찾을 수 있습니다.

2 소속 학교의 전공 선후배들을 통해 연구계획서 샘플을 3편 이상 구해서 읽어 봅시다.

*연구계획서는 책으로 출판되거나 공식적으로 공개되지 않는 경우가 일반적이다.

연구계획서의 구성과 내용

연구계획서에는 어떤 내용을 어떻게 써요?

☑ 연구계획서는 어떻게 작성할까?

☑ 연구계획서의 구성과 내용에는 어떤 특징이 있을까?

💡 생각해보기

1 다음 중 연구계획서에 들어갈 내용으로 적합하다고 생각하는 것에 표시(✔)하세요. 그 이유는 무엇입니까?

정답 p198

이유 : ....

☐ 연구 목적	☐ 연구 필요성	☐ 연구의 의의
☐ 연구 방법	☐ 연구 내용	☐ 연구의 한계
☐ 연구 결과 요약	☐ 후속 연구에 대한 제언	☐ 연구 절차

2 다음 중 연구계획서에서 볼 수 있는 문장으로 맞는 것을 찾아보세요. 그렇게 생각한 이유는 무엇입니까?

1) 이 논문의 목적은 중국어권 학습자의 문법 오류의 양상을 밝히는 것이었다. (○ / ×)

2) 이 글의 목적은 중국어권 학습자의 문법 오류의 양상을 밝히는 것이다.(○ / ×)

3) 이 연구는 한국어 연결어미 가운데에서도 특히 '원인' 표현의 의미와 기능에 주목하고자 한다.(○ / ×)

4) 지금까지 이 연구에서는 한국어 연결어미 가운데 '이유' 표현의 의미와 기능을 살펴보았다.(○ / ×)

5) 학습자 언어에 대한 보다 세부적인 논의는 향후 연구 과제로 남긴다.(○ / ×)

6) 본고에서는 한정된 자료를 분석 대상으로 삼았으므로 본고의 결과를 일반화하기는 어려울 것이다. (○ / ×)

◉이해하기

1.연구계획서의 형식

연구계획서의 형식은 비교적 자유롭지만 자신이 속한 학문공동체의 규범과 관행을 따르는 것이 좋다.

학위논문 연구계획서[*]

연구 계획서 제 출 자	과 정		학 과		학 기	
	학 번		성 명			(인)
논문지도교수	학과, 직위		성 명			(인)
연구 착수 예정일		년 월 일	연구 완료 예정일		년 월 일	
연구 제목	국 문					
	영 문					

연구개요 - 연구의 목적, 범위, 방법, 내용 등을 요약하여 작성함.

주 임 교 수 귀 하   (부족시 별지 사용)

※연세대학교 대학원 학위논문
연구계획서 양식

2. 연구계획서의 구성 요소

연구계획서의 구성을 어떻게 할지 각각의 유의점은 무엇인지 알아보자.

구분	유의점
연구 제목	▶ 논문의 <u>핵심 키워드</u>를 조합하여 논문 주제가 잘 드러나는 것으로 한다.
연구 배경	▶ <u>논문 주제의 중요성 및 가치</u>에 대한 최근 연구 동향을 전반적으로 언급한다. ▶ 그럼에도 불구하고 지금까지 논의가 부족했던/불충분했던 부분(한계점) 또는 더 연구되어야 할 부분을 <u>문제제기</u>한다. ▶ 문제제기가 새로운 <u>연구의 필요성</u>으로 자연스럽게 이어지도록 한다.
연구 목적 및 의의	▶ 자신의 연구를 통해 <u>무엇을 도출하고자 하는가</u>를 명확히 기술한다. 　예 "이에 이 연구에서는 ~을/를 ~고자 한다." 　　　"이에 이 글은 ~는 데에 목적을 둔다." ▶ 자신의 연구가 해당 학문 분야에 <u>어떤 기여를 할 수 있는가</u>를 명확히 한다.
선행 연구 검토	(1) 지금까지의 대표적인 연구들을 폭넓게 검토하고 그 가운데 주요 논문을 꼽아본다. Tip 석사학위논문보다는 박사학위논문과 소논문을 우선할 것. 　　해당 분야에서 많은 성과를 쌓은 연구자의 글을 우선할 것 (2) 지금까지의 선행 연구들을 분석하거나 분류해 본다. ・ 특징별, 흐름별(시기별), 주제별, 영역별, 관점별, 연구방법론별... 　① 먼저 다른 필자들이 정리한 내용을 참고하되, 　② 그대로 가져오기보다는 자신의 관점에서 새롭게 선행 연구를 분류할 　　 필요 있음 (3) 위의 (1)과 (2)의 과정에서 자신의 논문 쓰기에 많은 부분을 참고하게 될 주요 논문을 선정한다. 　① 몇몇 논문에 대해 구체적으로 분석하고 중요한 부분을 인용한다.(개념 정의, 주요 결론, 시사점 등) 　② 단순 옮겨오기가 아니라 필자의 견해를 덧붙이며 인용하는 것이 가장 이상적이다. 　③ 또한 선행 연구에 대한 단순 나열보다는 여러 논문들의 공통점 및 차이점을 분석하면서 기술하는 것이 좋다. Tip '반면, ~데에 비해, 구체적인 예로'와 같은 다양한 표현을 사용한다.

연구 방법 및 대상	▶ 자신의 연구 문제를 해결할 수 있는 가장 "적절하고 타당한" 방법을 택한다. ▶ 주어진 기간 내에 스스로 실행할 수 있는 "구체적인" 방법을 택한다. ▶ 내 연구에서 기댈 수 있는 "기존의 연구 방법론"을 적용할 수 있다. (1) 내 연구에 맞는 연구 방법 예 양적 연구 or 질적 연구 　　문헌 검토 중심의 연구 or 실험 연구 　　공시적 연구 or 통시적 연구 (2) 자료 수집 　① 자료 수집 시기, 장소, 대상, 방법에 대한 고려 (현실성, 타당성 등) 　② 피실험자의 동의가 필요한 것 or 필요없는 것 　③ 기출판물 or 연구자 스스로 구축한 자료 　④ 종이 자료, 음성 자료, 동영상 자료 (3) 자료 분석 도구
가상 목차	▶ 목차 제시가 필수는 아니지만 연구계획서에 가상 목차를 포함하면 연구계획에 대한 전체 방향성을 나타낼 수 있다는 장점이 있다. 1. 서론 2. 　2.1. 　2.2. 3. 　3.1. 　3.2. 4. 결론
참고 문헌	▶ 일관된 형식으로 정리해야 한다. ▶ 내 논문 주제와 관련하여 자주 인용되는 논문, 최근의 연구 동향을 알 수 있는 논문, 내 연구에 많은 도움을 주는 논문 등을 모두 포함한다. ▶ 많을수록 좋은 것이 아니라 내 논문에 꼭 필요한 자료 선정 능력이 중요하다. ▶ 양질의 참고문헌 선별 과정에서 지도교수님, 선배들에게 조언을 구하는 것도 좋다.

연습하기

1 자신이 소속된 학교의 연구계획서 양식을 찾아 연구계획서의 구성과 형식을 살펴봅시다.

2 자신의 논문을 위한 연구계획서를 작성하려고 합니다. 연구계획서를 쓰기 위해 무엇을 어떤 순서로 진행할지 구상해 보십시오. 연구계획서 작성 경험이 있는 선후배에게 조언을 구하는 것도 좋은 방법입니다.

3 자신이 연구계획서를 쓴다면 다음을 어떤 순서로 배열하고 싶습니까? 순서대로 써 보세요. 다른 구성을 추가해도 좋습니다.

연구 목적	연구의 배경	연구의 의의	연구 방법	연구 대상

연구계획서의 표현

연구계획서에 자주 쓰이는 표현이 있다고요?

☑ 연구계획서에는 어떤 표현이 자주 쓰일까?

☑ 연구계획서의 구성에 따라 자주 나타나는 표현을 알아두자.

🔦 생각해보기

정답 p199

1 맞으면 ○, 틀리면 × 하세요.

1) 연구계획서에 자주 쓰이는 표현을 알아두면 연구계획서 작성에 도움이 된다. (○ / ×)

2) 연구계획서는 연구 수행 전에 쓰는 것이므로 연구결과에 대해서는 쓸 수 없다. (○ / ×)

3) 연구계획서는 길게 쓸수록 좋다. (○ / ×)

정답 p199

2 연구계획서의 '구성'과 '표현'을 알맞게 연결해 보세요.

연구계획서 구성	표현
1) 연구 목적	다음과 같은 순서로 연구를 진행한다.
2) 기존 연구의 한계	~에 대한 논의가 시급하다.
3) 연구의 필요성	본 연구의 성과는 ~에 기여할 것으로 본다.
4) 연구 대상	본 연구에서 중점적으로 살피고자 하는 것은 ~이다.
5) 연구 절차	본 연구의 목적은 ~는 것이다.
6) 연구 의의	그럼에도 불구하고 지금까지 ~에 대한 연구는 많지 않았다.

이해하기

다음은 연구계획서의 사례이다. 다음을 읽으면서 각 구성에서 나타나는 표현을 찾아 정리해 보자.

한국어 교육 현장이나 한국어 교재에서 '문형'을 제시함에 있어서 공통된 지향점은, 각각의 문형이 사용될 수 있는 맥락(상황)과 결부시킴으로써, 학습자가 실생활에서 그와 유사한 상황에 맞닥뜨렸을 때 기학습 문형을 자연스럽게 발화할 수 있도록 하는 것이라 할 수 있다. 그러나 우리는 학습자 개개인이 처하게 될 모든 상황을 예측할 수 없으며 교육 현장이나 교재에서 다루어지는 문형의 교육적 성과도 단언하기 어렵다.

특히 〈유사 담화 기능의 문형〉에 있어서 객관적이고 이상적인 제시 방법이 무엇인지 명확하게 정의 내리기가 쉽지 않다. 가령, 한국어 직관이 없는 한국어 학습자에게 유사 담화 기능의 미묘한 의미 차이 및 화용적 기능 차이 등을 어떻게 가르쳐야 할지에 대한 우리의 고민이 계속되어 온 것은 사실이지만, 이것에 대한 명쾌한 답이 체계적으로 정리되어 있지 않다. 이에 이 연구에서는 한국어 교육에서 유사 담화 기능의 문형 제시에 있어서 논의되어야 할 문제들을 살펴보면서 그것을 교육적 차원에서 활용 가능한 정보로서 구축할 필요성이 있다고 판단하였다.

이 연구는 크게 '교육 자료 분석', '교육 현장 조사'의 관점에서 진행하고자 한다. 첫째, 교육 자료 분석에서는 한국어 교재에서 유사 담화 기능의 문형을 어떻게 다루고 있는지를 알아볼 것이다. 가령, 용례 선정과 제시, 의미 설명, 유사 담화 기능 간이 차이 부각 등의 측면을 어떻게 다루고 있는지에 대한 자료 분석이 필요하다. 둘째, 실제 한국어 교육 현장에서 교사는 유사 담화 기능의 문형에 대해 어떠한 인식을 가지고 어떤 교수법을 통해 학습자에게 제시하고 있는지, 학습자는 유사 담화 기능의 문형을 배울 때 어떤 의문점과 요구를 가지고 있는지를 밝히고자 한다.

이 연구를 통해 한국어 교육 현장이나 한국어 교재에서 유사 담화 기능의 문형을 제시할 때 무심코 지나치기 쉬웠던 요소들이, 실은 문형의 담화, 화용적 기능을 자연스럽게 노출하는 데에 중요한 기여를 하고 있음을 확인할 수 있을 것이다. 더 나아가 이 연구의 결과는 한국어 교재 연구 및 개발, 문형 교수 방법 연구 등의 기초 자료로서 가치를 가질 것으로 판단하며, 궁극적으로는 한국어 문형에 대한 폭넓은 연구의 필요성을 부각시키는 데에 기여할 것으로 본다.

연구 계획서의 표현

구성	주요 표현		
연구 목적	-에서는	-을/를 -에 대해(대하여) -에 관해(관하여)	-고자 한다. -아/어 보겠다. -(으)ㄹ 것이다.
		-은/는 -는 데에	그 목적이 있다. 목적을 둔다.
		-의 목적은	-는 것이다. -는 데에 있다.
연구의 필요성	• 이에 이 연구에서는	-(으)ㄹ 필요성이 있다고	판단하였다. 보았다.
	• 이에	-의 필요성이 제기된다.	
연구 방법	• -(으)ㅁ으로써 • -을/를 통해 • -방법론에 따라	-고자 한다. -(으)ㄹ 것이다. -(으)려고 한다.	
연구 절차	• 먼저 　그리고 • 첫째 　다음으로 　마지막으로	-고 -(으)ㄹ 것이다. -(으)ㄹ 것이다. -고 이어서 -(으)고자 한다. -(으)ㄹ 것이다. -(으)ㄹ 것이다.	
연구 의의	• 이 연구에서는 • 본고의 성과는 • 본고를 통해	-을/를 -는 데에 의의가 있다. -는 데에 기여할 것이다. -을/를 밝힐 수 있었다.	

연습하기

1 다음 연구계획서를 읽고 질문에 답하세요.

정답 p199

① 이 연구의 목적은 예비 한국어 교사가 학습자의 문법 능력을 평가하는 과정에서 나타나는 다양한 양상을 파악함으로써 한국어 교사 교육을 위한 함의점을 논하고 기초 자료를 구축하는 데 있다.

언어 교육의 관점에서 광의의 평가란 '학습자가 목표 언어에 얼마나 숙달되었는가를 측정하여 추론하는 모든 행위'를 가리키며, 협의의 평가는 '시험'과 같이 도구적 성격이 강조되는 의미로도 불린다. 이 연구에서는 넓은 의미의 평가를 전제로 하여, 한국어 교수·학습의 과정 전반에서 학습자의 문법 능력에 대한 예비 한국어 교사의 평가 양상에 초점을 두고 논의를 전개하고자 한다.

이 연구에서 예비 한국어 교사의 문법 평가 양상에 관심을 둔 것은, 예비 한국어 교사에게는 한국어 문법을 체계적이고 효율적으로 교수하는 것 이상으로 학습자가 가진 문법 능력을 제대로 파악하는 역량이 필수적이라고 보았기 때문이다. ② 그러나 기존의 한국어 문법 교육 관련 선행 연구를 살펴보면 문법을 '어떤 원리로', '무엇을' '어떻게' 가르칠 것인가에 관해서는 많은 성과가 축적되어 온 것에 반해 예비 한국어 교사의 문법 평가 능력에 대한 논의는 미미했다.

③ 기학습한 문법을 학습자가 내면화하여 한국어 의사소통능력 제고로까지 이어지도록 하기 위해서는 한국어 교육 현장의 교사가 학습자의 문법 능력과 그 변화 모습을 수시로 관찰하고 판단하여 적재적소에 후속 교육의 내용과 방법을 마련할 수 있어야 한다. 이는 예비 한국어 교사를 위한 교육의 범주에서 문법 교육론이 다루어질 때, 특히 문법 교육의 '실제' 부분에서 한국어 학습자의 문법 능력을 예비 교사가 관찰·분석해 보는 체계적인 훈련까지 고려되어야 함을 시사한다고 할 수 있다.

이에 이 연구에서는 교사 교육을 위한 기초 자료 구축의 필요성 인식을 출발점으로 하여 예비 한국어 교사의 문법 평가에서 나타나는 양상을 고찰하고자 한다. ④ 이를 위해 국내외 문헌 분석, 예비 한국어 교사 대상의 실험 연구와 그 결과에 대한 논의, 전반적인 특징의 유형화 등의 연구 방법과 절차가 병행될 것이다.

1) ①~④ 가운데 연구 목적에 해당하는 것은?   (   )

2) ①~④ 가운데 문제 제기에 해당하는 것은?   (   )

3) ①~④ 가운데 연구의 필요성에 해당하는 것은? (   )

4) ①~④ 가운데 연구의 방법을 언급한 것은?   (   )

2 자신의 관심 주제를 넣어 연구 목적을 기술하는 문장을 세 가지 방법으로 써 보세요.

1) 이 연구/이 글/본고에서는 ....기 위해 ....고자 한다.

2) ....의 목적은 ....는 데에 있다.

3) ....은/는 ....는 데에 그 목적이 있다.

8부
선행 연구

선행 연구 검토

선행 연구를 왜 어떻게 검토해요?

☑ 선행 연구란 무엇일까?
☑ 선행 연구 검토는 어떻게 하는 걸까?

💡 생각해보기

정답 p201

1 다음을 읽고 자신의 생각을 말해 보세요.

- 논문 쓰기의 시작점은 '선행 연구 검토'이다.
- 학문의 과정(Academic Process)은 이어달리기(a relay race)와 같다.

1) '선행 연구'란 무엇일까요? 선행 연구가 왜 논문의 시작점이 되는지 생각해 보세요.

2) 학문의 과정을 '이어달리기'에 비유한 이유는 무엇일까요?

🛈 이해하기

1. 용어의 이해

　선행 연구란 필자가 논문을 쓰는 시점보다 먼저 이루어진 모든 연구를 말한다. '선행 연구' 외에도 '앞선 연구', '기존 논의', '기존 성과' 등으로도 불린다. 반대로, 필자가 논문을 발표한 시점보다 나중에 이루어질 연구는 후속 연구, 후행 연구 또는 '후고'라고 부른다.

2. 선행 연구의 개념

　논문은 '무에서 유를 창조하는' 작업이 아니다. 새로운 논문의 작성은 기존 연구의 이해로부터 출발한다. 넓은 의미의 선행 연구란 기존 연구자에 의해 수행된 연구 성과 및 자료 전체를 가리킨다. 따라서 텍스트 자료 이외에도 연구를 위해 수집한 그림 자료, 표 자료와 같은 다양한 형태의 자료를 포괄한다. 반면 좁은 범위의 선행 연구란 기존 논의의 관점이 드러난 텍스트로 된 자료를 가리킨다.

3. 선행 연구 검토

선행 연구 검토 방법

✓ 자신의 논의에서 기대거나 참고하고 싶은 '주요 개념'의 정의, '연구 방법', '연구 동향' 등을 중심으로 검토한다.

✓ 선행 연구에서 주목할 만한 '연구 결과'와 그것의 '시사점'을 살펴본다.

✓ 선행 연구를 검토할 때는 자신의 논문 주제와의 '연관성' 즉 연결고리가 무엇인지를 고려한다.

✓ 폭넓은 선행 연구들의 공통점 및 차별점을 체계적으로 분석해보고 통찰력 있게 해석해야 한다.

✓ 선행 연구에서 텍스트뿐만 아니라 표나 그림도 검토하여 자신이 참고할 수 있는 것을 찾아야 한다.

133

> **Tip** 선행 연구 검토 시 주의점
>
> - 선행 연구 검토는 기존 논의의 <u>단순 나열에 그쳐서는 안 된다.</u>
> - 선행 연구 검토 후 정리를 위한 <u>자신만의 방법</u>이 있어야 한다.
>   예 선행 연구 정리 노트, 선행 연구 정리 파일
> - 선행 연구 정리 노트에는 반드시 출처(저자, 연도, 제목, 쪽수)를 명확하게 밝혀 두어야 한다. 출처가 명확하지 않은 자료는 논문에 활용할 수 없다.
> - 선행 연구의 내용을 노트에 정리할 때는 그대로 <u>발췌한 내용과 자신의 생각(의견)을 적어 둔 것을 구분</u>하도록 한다. 이 부분이 섞여서 불분명하면 논문에 활용하고 나서 표절이 될 우려가 있다.

▌연습하기

1 소논문 1편을 선정하여 다음을 참고로 선행 연구 검토를 해 보세요.

논문 제목 :

1) 연구 배경(연구의 필요성/문제제기)

....

....

....

....

2) 연구 목적

....

....

선행 연구 검토 예시를 참고할
것(pp136-137)

....

....

3) 연구 방법 및 대상

4) 연구 결과

5) 연구의 시사점/의의

6) 한계점 및 후속 과제

7) 논문을 읽고 느낀 의문점 및 문제제기 등

|선행 연구 검토 예시|

논문 제목 : 강현화(2012), 한국어교육학에서의 담화 연구 분석, 한국어교육23-1, 219쪽-256쪽.

연구 배경

• 연구의 필요성

담화 관련 연구는 실제성 있는 자료와 문장을 넘어선 맥락을 제공한다는 점에서 매우 중요하다. 해당 연구의 결과들은 학습자 발화의 정확성을 넘어 적절성을 제고하는 데에 기여할 수 있기 때문이다. 또한 말하기와 듣기로 묶이는 구어 영역과 읽기와 쓰기로 묶이는 문어 영역에서 구별되는 담화의 특성과 장르별 담화의 특성에 대한 연구의 결과들은 효과적인 의사소통 교수를 위한 필수적인 기초 요소들이 된다.(p220)

• 문제 제기

최근 한국어교육의 세부 영역에서 연구사를 다룬 논의들이 늘고 있지만, 학회 발표와 학술대회 집담회의 주제를 제외하고 논문의 형태로 연구사를 다룬 사례를 찾아보기 어렵다.(p220)

연구 목적

이 연구는 최근 10년 간 학술 논문을 대상으로 하여 한국어교육학의 담화 관련 연구사를 점검해봄으로 해서, 언어교육에서의 담화 연구의 쟁점들을 분석하는 데에 목적이 있다.(p220)

연구 방법 및 대상

• 분석 대상

이 연구에서는 한국어교육학 연구 중에서 1)담화 층위에서의 한국어교육을 주된 내용으로 하여 논의를 진행한 연구와 2)담화분석을 연구 방법론으로 이용한 연구를 분석 대상으로 하였다. 구체적인 분석 대상은 2001년에서 2011년까지 한국어교육학 분야의 주요 학술지에 실린 논문과 학위 논문, 그리고 참조 논문으로 〈표 1〉과 같다.(p221)

• 분석 절차

분석 절차는 크게 세 단계로 나뉜다. 먼저, 논문 내용을 검토하면서 담화 연구의 동향을 살피는 데에 필요한 주요 쟁점들을 정리하고, 그 내용을 중심으로 분석 틀을 확정하였다. 그리고 분석 모형에 따라 분석 대상 논문을 검토한 후 항목별로 태깅하였다. 마지막은 분석 결과를 처리하는 단계로 기술 통계 방식에 의한 양적 분석을 한 후 그에 대한 질적 해석을 하였다. 〈그림 1〉은 분석 절차를 간략히 정리하여 나타낸 것이다.(p222)

연구 결과

귀납적 분석의 결과를 정리해 보면 결국 한국어교육학에서의 담화 연구는 언어교육의 수단으로서 다루어져 왔음을 확인할 수 있다. 이는 담화 자체에 대한 순수이론적 연구와 매우 변별되는 것으로 결국 한국어교육학에서의 담화 연구의 분석틀은 5장과 같이 언어교육학적 측면에서 다루어질 때 연구의 동향이 명쾌하게 드러날 수 있음을 확인할 수 있었다.(p254)

한국어교육학에서의 담화 연구의 주제는 주로 담화 기능이나 담화 패턴, 담화 표지, 담화 구조 등을 중심으로 연구가 이루어졌고 최근 담화 문법이나 담화 배경으로 그 범위가 확장되고 있었다. 연구 주제는 한국어교육의 기조를 반영한 것으로 볼 수 있다. 즉, 문장 층위에서 담화 층위로의 이행이 담화 연구에 대한 관심을 불러온 것처럼, 담화 기능에서 담화 구조, 담화 문법 연구로의 이행은 언어 숙달도나 학습 목적의 다양화와 함께 세분화되어 가는 교육 내용 자료 구축의 필요성을 반영한 결과라고 할 수 있다. 또한 담화 패턴에 대한 관심은 초기의 담화 기능 교육이 특정 맥락에서의 화행 기능 제시에만 주목했던 것과 달리 보다 정교화되어 가고 있었다.(p254)

후속 과제/제언

한국어교육학에서의 담화 교육 연구는 언어 지식, 의사소통 기능, 교수, 학습 활동의 세부 영역과 연계되어 교수 현장에의 적용 가능성을 모색 중에 있다. 각 영역의 하위 범주별로 한국어교육의 기조를 반영하는 다양한 연구가 이루어지기도 해야겠지만, 한국어교육학이 응용언어학 연구라는 점에서 실제 교수·학습에 적용하기 위한 방안의 모색이 보다 적극적으로 이루어져야 할 것이다.(p254)

논문을 읽고 느낀 의문점 및 문제제기

(생략)

선행 연구 기술의 기능
선행 연구 활용이 논문에서 특별한 기능을 한다고요?

☑ 논문에서 선행 연구는 의미 없이 활용되지 않는다.
   선행 연구의 활용은 어떤 기능을 할까?

🔆 생각해보기

정답 p201

1 다음 중 선행 연구 기술에 해당하는 것에 표시(✓)해 보세요.

1) 주요 성과의 확인   ☐

2) 연구의 필요성에 대한 근거 찾기   ☐

3) 기존 연구의 동향 파악   ☐

4) 앞선 연구에 대한 무조건적인 비판   ☐

💡 이해하기

1. 주요 성과 확인

기 능	세부 내용	구조 및 표현
주요 성과 확인	• 주요 선행 연구의 열거 및 나열 • 연구 성과의 가시화	−로 A, B, C 등이 있다.
	• 주목할 만한 연구 성과 강조	그 가운데 A가 주목할 만하다.
	• 관련 선행 연구의 양적, 질적 성과 부각	− 에 대한 연구가 A, B, C를 비롯하여 활발히 이루어졌다.
	• 선행 연구의 반경이 넓은 것에서 좁은 것으로 제시	− 분야의 연구로 A,B,C가 있다. 그 가운데 A의 하위 영역으로 D,E,F에 대한 논의가 있다.

예 어휘의미 전반을 다룬 연구는 단행본으로 최길시(1998)와 학위논문으로 이정희(1997), 이연경(1999), 한정일(1999)이 있고, 그밖에 조현용(1999, 2000)과 문금현(2000)이 있다.*

*문금현(2004), 한국어 유의어의 의미 변별과 교육 방안, 한국어교육15-3.

예 최정순(2002)에서 소개하는 영어권 청소년 교포들을 위한 한국어학습 웹 사이트는 매우 흥미있고 바람직해 보인다.**

** 김민애(2006), 한국어 학습자 오류의 분석 방법 고찰, 한국어교육17-2.

2. 문제 제기 및 연구의 필요성 부각

기 능	세부 내용	구조 및 표현
문제제기/ 연구의 필요성 부각	• 선행 연구의 불충분함 발견	A에 대한 논의는 많지만 B에 대한 것은 부족했다.
	• 연구의 필요성 및 정당성 확인	A를 −하기 위하여 B연구가 필요하다.

예 특히 어휘 교육에 관한 직접적인 연구로는 김지영(2004), 이유경(2005)의 두 편 정도를 들 수 있을 뿐이다.**

** 박병섭(2006), 다문화적 소수자 문제에서 한국의 특수성, 사회와 철학2.

3. 기존 성과의 범주화 및 동향 파악

기 능	세부 내용	구조 및 표현
기존 성과 범주화/ 동향 파악	• 선행 연구의 목록화 및 분류 • 시기별, 특징별, 주제별, 영역별, 관점별, 연구방법론별 분류	−에 대한 연구는 A, B, C 순으로 이루어졌다. −에 대한 연구는 A, B, C로 분류할 수 있다.
	• 연구 쟁점의 변화 분석	A에 대한 관심이 B로 옮겨졌다가 최근에는 C를 쟁점으로 한 연구가 증가하였다.

예 학습자의 언어 학습 전략(강승혜(1996, 1999), 이미영(2001)), 학습자의 인지 양식(김미옥(1998), 윤연진(2001)), 한국어 학습자들의 의사소통전략 유형(진제희(2000)), 한국어 학습자의 성격유형 및 정의적 요인(강영아(2001), 이용숙(2001)), 학습자의 요구 분석(권미정(2001)) 등 다양한 학습자 요인을 다룬 논문들이 발표되었다.*

* 박영순(2003), 한국어 교재의 개발 현황과 발전 방향, 한국어교육14-3.

예 최은규(2009)에서는 학문 목적의 연구 주제를 '교육과정 및 교수요목 설계', '교재 개발', '기능교육', '요구분석', '언어 사용역 분석', '담화 분석', '평가' 다섯 가지로 나누어 살펴보았으며, 김유미·박동호(2009)에서는 전문 분야에 사용되는 어휘나 텍스트를 분석한 '자료 분석 연구'와 구체적인 교수-학습 내용 및 방법에 대한 '교수-학습 방법 및 교재 연구' 그리고 외국인 유학생들을 위한 교육과정 설계와 실제 교육 현장을 보고한 '교육과정 보고 연구'로 분류하고 있다.**

** 최정순·윤지원(2012), 연구 동향 분석을 통해 본 학문 목적 한국어교육 연구의 실태와 제언, 어문연구74.

4. 연구 대상 및 방법론의 적용

기 능	세부 내용	구조 및 표현
기존 성과 범주화/동향 파악	• 두 편 이상의 선행 연구를 비교, 대조, 특징 기술	A와 B는 -측면에서 공통점(차별점)이 있다. A는 -인 반면 B는 -이다. A의 특징은 -이고 B는 -이다.
	• 선행 연구와 자신의 연구의 긴밀성, 차별성 설명	A와 B가 -에 대한 것이라면 C는 -에 초점을 둔다.
	• 연구 대상, 범위, 방법	A와 같이 B의 연구 대상/방법도 다음과 같이 설정하였다.

* 김민애(2006), 한국어 학습자 오류의 분석 방법 고찰, 한국어교육17-2.

예 송영빈(2000:25)에서는 물리학 용어를 대상으로 한국어, 일본어, 영어의 전문 용어와 기본 어휘의 상이도를 비교하였다.*

예 이에 본 연구에서는 유학생의 학술적 쓰기 수행 능력을 진단할 과제를 개발하기 위하여, 크롤과 레이드(1994)가 제안한, 2개 유도 작문 형태를 수용하였다. 즉, 학술 과제 맥락을 반영하여 학부 1학년 교양 강의에서 보고서를 작성하는 '액자' 지시문 방식을 채택하였다.**

** 김성숙(2013), 학문 목적 한국어 쓰기 숙달도 평가 연구 -보고서 쓰기 과제를 중심으로-, 한국어교육24-2.

5. 주요 개념 및 관점 분석

기 능	세부 내용	구조 및 표현
주요 개념 검토 및 관점 분석	• 해당 학문 분야에서 주요 용어 언급	-을 A는 B로 설명하고 C는 D라 하였다.
	• 선행 연구의 개념을 따를지, 자신의 연구에서 새롭게 정의 내릴지를 설명	-에 따라/과 달리 본 연구에서는 A를 B로 정의한다.

예 〈그림 8〉에 따르면, Langacker 교수는 인지를 바탕으로 언어와 문화의 상호관련성을 파악하고 있다. 언어와 문화가 겹친 현상은 언어문화라 할 수 있는데, 언어인류학

자 Agar(1994)에서는 언어문화(languculture)라는 용어로 설명하고 있다.*

예 기존 한국어 교재의 문법 설명에서 용어가 혼란스럽게 사용되고 있음은 민현식(2000a,b), 김정은·이소영(2001), 남기심(2001)에서도 지적된 바 있다.**

예 [선행 연구의 개념 차별화됨] 텍스트와 담화의 정의는 여러 학자들마다 다른데 대표적으로 [개념 정의 사례1] Harris(1952)는 담화를 '연속으로 이어져 나오는 말(Sequential speech)'로 간주했고, [개념 정의 사례2] Widdowson(1979)은 담화를 '결합된 문장(combined sentence)의 사용'이라 하였으며, [개념 정의 사례3] Hoey(1983)는 한 걸음 더 나아가 담화와 텍스트를 구별하면서 텍스트란 음소, 형태소, 통사 등과는 달리 비구조적 층위로서 문장 이상의 언어 단위인 반면, 담화와 텍스트 층위와 아울러 텍스트 외적 자질(extra-textual)인 상황과 이 상황 속에 있는 언어 사용자 및 언어 형태들 사이의 상호 작용을 모두 포함하는 것으로 보았다. [필자의 종합 의견] 즉 담화란 언어 그 자체와 언어가 사용되는 사회적, 시공간적 상황, 언어 수행에 참여하는 사람들의 상호 관계와 지식 등 언어 외적인 요인에 의해 결정된다는 것이다.***

* 신현숙(2011), 의미망을 활용한 한국어 어휘 교육, 한국어문학연구 50.

** 한송화(2006), 외국어로서 한국어 문법에서의 새로운 문법 체계를 위하여, 한국어교육17-3

*** 이성범(2012), 화용론 연구의 거시적 관점, 소통.

6. 논거 제시 및 현상 해석

기 능	세부 내용	구조 및 표현
논거 제시 및 현상 해석	• 주장에 대한 논거로 뒷받침	A는 ~라 언급하였다. 따라서 ~이라 할 수 있다.
	• 연구 및 실험 결과(현상)에 대한 해석/설명	A의 관점에서 B는 C로 볼 수 있다. A는 B로 해석된다.

예 김정남(2003)에서는 '우리'의 이러한 용법을 두고 포함되는 사람이 고정되어 있지 않으며 종족 대표 기능과 유사한 기능을 한다고 보았다. 김정남(2003)에 따르면 '우리'에는 포함되는 사람이 고정되는 경우가 있고 그렇지 않은 경우가 있다. 아래 (14)의 '우리'는 전자에 속하고 (15)의 '우리'는 후자에 속한다.*

* 안소진(2012), 학술논문 문형의 문법적 특징과 담화 기능에 대하여-국어국문학 분야의 학술논문을 대상으로, 어문연구73.

연습하기

1 관심 분야의 선행 연구 3편 이상을 읽고 다음에 해당하는 곳을 찾아 써보세요.

1) 주요 성과 확인

①

②

2) 문제 제기 및 연구의 필요성 부각

①

②

3) 기존 성과의 범주화 및 동향 파악

①

②

4) 연구 대상 및 방법론의 적용

①

②

5) 주요 개념 및 관점 분석

①

②

6) 논거 제시 및 현상 해석

①

②

9부
인용

Practice 25

인용의 유형

인용에도 여러 가지 유형이 있다고요?

☑ 논문에 인용은 왜 필요할까?

☑ 인용에는 어떤 유형이 있을까?

🔆 생각해보기

정답 p202

1 다음 중 맞는 것을 골라 문장을 완성하세요.

1) 논문에서 인용은 (필수적이다 / 선택적이다).

2) 좋은 인용은 논문의 필자가 자신의 주장을 뒷받침하는 데 (도움이 된다 / 도움이 되지 않는다).

3) 인용할 때는 다른 글에서 가져온 내용과 논문의 필자가 쓴 부분이 (명확히 구분되도록 해야 한다 / 구분되지 않아도 된다).

💡 이해하기

1. 인용

'인용 [引用]'이란 남의 말이나 글에서 자신에게 필요한 부분을 '끌어와서(引)' '사용하는(用)'는 것을 말한다. 논문은 논증하는 글이므로 인용이 필수적이다. 인용을 함으로써 논문의 필자는 자신의 논리나 주장에 힘(설득력)을 얻게 된다.

2. 인용 유형① – 선행 연구 유무+출처만 언급

논문을 읽어보면 인용한 부분을 어렵지 않게 찾을 수 있다. 인용 유형의 첫 번째는 어떤 주제에 대한 선행 연구의 존재 자체를 언급하는 인용이다. 서지정보(저자명, 연도, 쪽수 등)가 언급되어 있다면 그것은 인용이 되었다는 표시이다.

146

- ~에 대한 대표적인 성과로 김미림(2009), 최승호(2010), 신호연(2013) 등이 있다.
- ~라고 문제제기한 최근의 논의로 김미림(2009), 최승호(2010), 신호연(2013)을 꼽을 수 있다.
- ~에 대한 것으로 최승호(2011)가 대표적이다/주목할 만하다.
- ~에 대해서는 최승호(2011)를 참고할 수 있다.

3. 인용 유형② – 선행 연구의 내용 인용

다음으로, 선행 연구의 존재 자체만이 아니라 내용까지 함께 언급한 인용의 유형을 살펴보자.

▶ 다른 사람이 쓴 글을 <u>그대로 옮겨오기</u>(직접인용)

▶ 다른 사람이 쓴 글을 요약하거나 그 중 일부를 자신의 말로 <u>바꾸어 옮겨오기</u> (간접인용)

예 Oxford(2001:359–366)에서는 언어 학습 스타일과 전략이 제2언어를 성공적으로 배울 수 있게 도와주는 주요 요소라는 견지에서 <u>전자와 후자를 다시 세분화하여 유형별 특성을 설명하고, 이것이 교육에 시사하는 바</u>를 명시하였다.*

> * 김호정(2017), 한국어 문법 교육에서 학습자 연구의 현황과 전망, 문법교육 29권, 69쪽

선행 연구의 내용 인용 시 유용한 표현

- 최승호(2011)는 ~을/를 ~라고 언급하였다.
- 최승호(2011)에서는 ~을/를 ~라고 하였다.

- 최승호(2011)에 따르면 ~ 라고 말하고 있다.
- 최승호(2011)에 의하면 ~ (으)로 정의한다/설명한다.

- 최승호(2011)에서는 ~을/를 ~(으)로 보았다/ 간주한다.

4. 인용 유형③ – 선행 연구의 내용 인용과 필자의 의견 반영

인용의 세 번째 유형은 다른 사람이 쓴 글을 '옮겨오기'만 하는 것이 아니라 필자가 '자신의 의견을 보탠 것'이다.

▶ 다른 사람이 쓴 글을 가져오면서 자신의 의견을 덧붙이는 경우

예 인용하는 사람의 해석, 동의, 비판 등

[예] 그러나 진정란(2010:524-525)에서 지적하고 있는 것처럼, [내용 옮겨오기] 학습자의 학습 목적을 고려한 차별화된 교육 내용 구성과 환경 변인을 고려한 차별화된 교수 방법의 고민은 여전히 부족하다. 특히 [인용자의 의견] 이를 해결하기 위한 선행 조건으로서 한국어 문법 교육의 주체이자 주요 변인으로서의 학습자 연구는 아직까지 충분한 성과를 내지 못하고 있다.*

* 김호정(2017), 한국어 문법 교육에서 학습자 연구의 현황과 전망, 문법교육 29권, 69쪽.

'내용 옮겨오기+인용자의 의견'의 경우 반드시 어느 부분이 다른 자료의 내용이고 어느 부분이 인용한 사람의 의견인지를 독자가 쉽게 알 수 있도록 해야 한다.

다음은 실제 논문의 사례로, '내용 옮겨오기' 부분과 '인용자의 의견'을 표시해 본 것이다.

[의견] 한국어 교육의 관점에서 한류가 효율적으로 반영되기 위해 논의되어야 할 것 가운데 한국어 학습자에 대한 이해를 빼놓을 수 없다. [의견] 학습자에 대한 이해는 한국어 교육 과정의 개발 및 교수 방안 모색, 교육 자료 개발 및 활용의 근간이 되기 때문이다. 이러한 측면에서 [인용] 한국어 학습자의 '한류'에 대한 인식 비교(강승혜, 2008)와 [인용] 한국어 학습과 한류에 대한 학습자 요구 분석(이희경, 2006) 등의 논의는 [의견] 그 가치가 크다고 할 수 있다. 또한 [인용] 한국어 교육에서 한류를 효율적으로 활용하기 위해서는 한류와 한국어 학습과의 관계 설정에서부터 한류를 선호하는 외국인들에 대한 분석이 선행되어야 한다(김현정·박정아, 2008:253)는 주장도 [의견] 매우 타당한 것이라 판단된다.**

** 이윤진(2014), 한국어 학습자의 연상 문장 쓰기를 통한 '한류'의 양상 분석 사례 연구, 한국어 의미학 43, 189-219.

인용자의 의견을 나타내는 방법으로 해석, 동의, 비판 등을 들 수 있다. 다음의 표현이 그 단서가 될 것이다.

[의견] ~등의 논의는 그 가치가 크다고 할 수 있다 → 해석

[의견] ~는 주장도 매우 타당한 것이라 판단된다 → 동의
           옳다고 본다

[의견] ~는 결과는 논의의 여지가 있어 보인다 → 비판
           논의가 필요하다

연습하기

1 다음에서 필자의 의견이 드러난 부분에 밑줄을 그어 보세요.[*]

정답 p202

> '한류'와 '한국어'를 키워드로 삼은 성과도 2005년 이후 급격히 증가하는 양상을 보인다. 박사학위논문인 교춘언(2011), 오문경(2013), 석사학위논문인 나카무라마유(2012), 김경미(2007), 남애리(2007), 두위(2007), 한유석(2005) 등을 비롯하여 그간 발표된 소논문을 통해서도 한류와 한국어가 매우 밀접한 관계로 인식되고 있음을 알 수 있다.

* 이윤진(2014), 한국어 학습자의 연상 문장 쓰기를 통한 '한류'의 양상 분석 사례 연구, 한국어 의미학 43, 189-219.

2 논문에서 인용된 부분을 찾아 다음을 구분해 보세요.

1) 선행 연구의 유무를 언급

선행 연구의 존재만 언급	

2) 필자 의견 없이 내용만 언급

선행 연구의 내용을 그대로 인용	
선행 연구의 내용을 요약 인용	

3) 필자의 의견을 보태면서 내용 언급(필자의 해석/ 비판/ 동의)

인용+필자 의견	
인용+필자 의견	

인용 여부의 결정 기준*

인용할지 말지를 어떻게 결정해요?

☑ 인용은 어떨 때 하는 걸까?
☑ 이미 알고 있는 사실도 인용을 해야 할까?

생각해보기

정답 p203

1 맞는 것을 고르세요.

1) 어떤 사실에 대해 내가 생각한 것이 아니라면 원칙적으로 (인용해야 한다 / 인용하지 않아도 된다).

2) 어떤 사실이 일반적인 상식에 해당하는 것이라면 (인용해야 한다 / 인용하지 않아도 된다).

이해하기

어떤 자료를 자신의 글에 가져올 때 인용을 해야 할지 말아야 할지 고민될 때가 있다. 인용 여부를 결정할 때는 크게 다음의 두 원칙을 기억할 필요가 있다.

1. 인용하고 싶은 자료의 내용은 스스로 생각한 것인가?

　　→ <u>자신의 아이디어가 아니라면</u> 인용한다.

2. 그것은 일반적으로 알려진 사실인가?

　　→ <u>상식에 해당하는 것이라면</u> 인용하지 않는다.

> **Tip**
>
> 일반적인 상식에 해당하는 내용이라도 특정 필자가 쓴 고유의 표현을 그대로
> 옮겨오는 것이라면 인용하는 것이 원칙이다.

인용 여부의 판단 기준

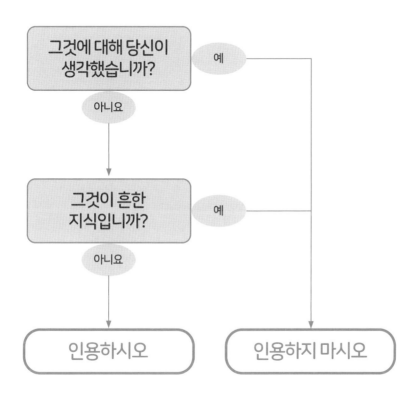

※ Robert A. Harris(2002/2011),
Using sources effectively,
Pyrczak Publishing, p87.

연습하기

정답 p203

1 다음의 내용에 대해 인용해야 한다고 생각합니까? 인용하지 않아도 된다고 생각합니까? 그 이유는 무엇입니까?

1) "석사나 박사 학위를 취득하기 위해서는 졸업 논문을 써야 한다."

☐ 인용한다   ☐ 인용하지 않는다

이유 :

2) "국어 사전의 표제어는 가나다 순으로 배열되어 있다."

☐ 인용한다   ☐ 인용하지 않는다

이유 :

3) "물은 100도에서 끓기 시작한다."

☐ 인용한다   ☐ 인용하지 않는다

이유 :

인용의 양과 질

인용이 많을수록 좋은 걸까요?

☑ 한 편의 논문에서 인용은 얼마나 하는 것이 좋을까?

☑ 자신의 논문이 인용한 내용으로만 채워져도 괜찮을까?

생각해보기

1 맞는 것을 고르세요.

정답 p204

1) 출처를 명확히 밝히고 인용의 형식을 잘 준수한다면 논문의 대부분이 인용으로 채워져도 무관하다. (O / X)

2) 다른 자료에서 핵심적인 아이디어를 가져와서 논문을 썼다. 이 경우에도 인용만 잘하면 크게 문제되지 않는다. (O / X)

이해하기

좋은 논문 작성을 위해서는 인용의 양과 질에 대해 고려해야 한다. 인용 방법을 잘 지켰다고 해도 인용의 '정당한 범위'를 벗어난 경우에는 표절이 될 수 있다(이인재, 2010: 281). 여기에서 정당한 범위란 크게 양적인 것과 질적인 것으로 나뉜다.

1. 양적 주종관계

인용으로만 채워진 글은 '정당한 범위' 내에서 자료를 가져와야 한다는 양적 주종관계를 위반한 것이 된다.

2. 질적 주종관계

인용한 내용이 적고 출처를 밝혔더라도 자신의 논문의 핵심적인 내용이 다른 자료에서 가져 온 것이라면 질적 주종관계에 위배될 수 있다. 즉 <u>자신의 논문에서 주가 되는 것은 자신의</u> 아이디어여야 하기 때문이다.

> **Tip**
>
> 저작권법 제28조에는 공표된 저작물의 인용 규정을 다음과 같이 두고 있다. 이 가운데 두 번째 요건에 있는 '양적·질적 주종 관계'라는 개념을 참고해 보자.
>
> ① 보도·비평·교육·연구 등을 위한 인용일 것
> ② 정당한 범위 내일 것(인용저작물과 피인용저작물이 <u>양적·질적으로 주종관계가 성립하며 분명하게 구별될 것</u>)
> ③ 공정한 관행에 합치될 것(저작물 이용의 목적과 방법이 건전한 사회통념에 비추어 판단할 때 공정한 관행에 합치되며, 출처 표시를 해야 할 것)

연습하기

정답 p204

1 해당하는 것을 고르세요.

> 1) 내 논문의 95%를 다른 자료에서 인용해서 작성했다.

→ (양적 주종관계 / 질적 주종관계) 위반이다.

> 2) 내 아이디어는 거의 없이 다른 논문에서 주요 키워드와 전체 목차 등을 참고해서 논문을 작성했다. 하지만 논문의 글이나 내용은 스스로 작성했다.

→ (양적 주종관계 / 질적 주종관계) 위반이다.

10부
출처 표시

출처 표시 방법

출처를 나타내는 방법이 한 가지가 아니라고요?

☑ 논문 쓰기에 활용한 모든 자료는 출처를 밝혀야 한다.
출처란 무엇이고 어떻게 표시해야 할까?

🔆 생각해보기

정답 p204

1 다음 A~E의 사례에서 자료의 출처 표시가 된 부분을 모두 찾아 밑줄을 그어 보세요. 각 출처 표시의 차이점과 공통점은 무엇인지 말해 보세요.

A*

신경교육학 연구 결과는 특히 주의력결핍과잉행동장애(Attention Deficit Hyperactivity Disorder: ADHD)나 학습장애와 같이 일반적인 교수·학습 원리와 방법을 통해서는 학습 효과를 거두기 힘든 학습자들에게 유용하게 활용될 수 있다. 신경학적 측면에서 뇌의 기능적 독특성이나 기능 손상에 의한 장애의 원인과 특성을 명확히 진단하고, 이로부터 원인이 되는 뇌 인지과정의 근본적인 문제를 해결하는 교육적 처방과 중재가 매우 필요하며 또 신경교육학 연구를 통해 이것이 가능하기 때문이다(강경숙, 이명희, 2007). 일반적으로 ADHD에 대한 치료는 약물치료를 비롯한 의학적 처치와 행동수정 및 인지행동치료 등의 임상적 처치가 있다.

* 홍선주 외(2014), ADHD 아동의 뇌 기능적 특성 분석, 교육과정평가연구17-3, p140

B**

의학의 발달로 인해 기대수명이 증가하여 노인인구가 급증하고 있으며, 이에 따라 경제적 빈곤, 건강보호, 소외, 역할상실, 성 등의 노인문제를 야기하고 있다(최성재, 장인협, 2002). 노화현상은 신체의 생리적인 변화로써 노인들은 자신의 의지와는 상관없이 가족 부양자들의 전적인 보호를 받아야 하는 처지에 놓이게 되므로 노인 문제 가운데 노인 부양 문제가 가장 심각하게 대두되고 있다(이은희, 2005). 특히 급속한 인구의 노령화와 관련하여 노인성 치매는 연령의 증가에 비례하여 이환율이 증가하는 대표적인 퇴행성 질환이다(김수옥, 2001).

** 정재훈(2013), 치매노인과 일반노인 부양자의 스트레스 및 심리상태, 특수교육재활과학연구 52-4, p52.

C*

　한국어 교육과정 연구의 흐름을 살피고 있는 이상의 연구들은 시기별 연구 주제를 중심으로 한국어 교육과정 연구의 성과를 분석하는 데 주안점을 두었다. 따라서 이들 연구는 각 시기별 연구의 흐름을 주제별로 용이하게 파악할 수 있도록 해 준다는 점에서 중요한 의의를 지닌다. 다만, 사회과 교육과정 동향 분석(송성민, 2013)이나 특수 교육과정 동향 분석(오철진 외, 2015)에서처럼 시기별 연구 주제 외에 연구 방법, 연구 목적, 연구 영역에 대한 구체적인 분석은 포함하지 않고 있다. 또한, 연구의 범위를 한정 짓는 연구 대상 선별과 최종 목록 선정 과정이 명시적으로 드러나지 않고 있다.

* 김호정, 김가람(2017), 체계적 문헌 고찰을 통한 한국어 교육과정 연구 동향 분석, 한국언어문화학 14-1, p77.

D**

한편, 국내 자치단체의 국제교류 과정에서 '한국지방자치단체국제화재단(이하 국제화재단이라 표기함)'[3]이 중추적 역할을 담당해 왔다. 자치단체의 국제교류 활동을 지원하기 위해서 지방자치단체가 출연한 기관인 국제화재단은 자치단체 국제 교류를 위한 정보 수집 및 협력사업 지원 등 다양한 분야에서 국제교류 네트워크의 허브(hub) 역할을 수행하며, 각종 교류 및 협력업무 지원 및 가교 활동을 전개하고 있어 그 역할과 기능은 매우 중요 하게 평가된다(정덕주, 1996: 247-249). 따라서 본 연구의 결과는 국내 자치단체의 국제 교류에 기여하고 있는 시도지사협의회의 국제교류 지원과 관련된 역할의 발전적 함의를 간접적으로 제공할 수 있다.[4]

---

3) 지방자치제가 도입되면서 지방자치단체의 해외교류와 국제진출의 요구를 효율적으로 지원하기 위해서 전국의 지방자치단체들이 공동 출연하여 1994년 7월 15일 재단법인 한국지방자치단체국제교류 재단으로 출범하였고, 1995년 3월 22일 지방자치단체국제화재단으로 명칭이 변경되었다. 그러나 지난 2009년 행정안전부의 정부 공기업선진화 방침에 따라 2009년 말 국제화재단을 해산하였으며, 이에 따라 해외 사무소는 재외공관으로 통합됐으며 잔여 업무는 '전국시도지사협의회'와 '행안부'에 이관하여 운영하고 있다.

4) 한국지방자치단체 국제화재단(2008: 30)에 따르면 국내 자치단체들의 국제교류 체결동기 중에서 재단 등의 알선이 많은 비중을 차지한다.

** 김재근·서인석(2012), 지방자치단체 국제교류의 구조적 특성 분석, 지방행정연구3, 지방행정연구원, p412.

E***

참고문헌

김선정·장근영(2011), 청소년 대상 한국어능력 평가 개발 방안, 교육문화연구 17-1, 인하대학교 교육연구소., 259-282쪽.
김정남·남명호·홍종명(2014), 한국어(KSL) 교육과정 진단도구 문항 개발 결과 보고서, 국가평생교육진흥원 중앙다문화교육센터.
김정숙 외(2010), 한국어능력시험 15년사, 한국교육과정평가원.
김한란 외 옮김(2010), 언어 학습, 교수, 평가를 위한 유럽공통참조기준, 한국문화사.
민병곤·윤희원·안현기(2010), 초등학교 1, 2학년 다문화 가정 학생의 읽기 및 쓰기 기초 학력 검사 도구 개발 연구, 국어교육학연구 37, 국어교육학회, 313-346쪽.
서 혁(2014), 다문화 배경 학습자를 위한 한국어 능력 평가 방안, 국어교육 144권, 한국어교육학회, 93-119쪽.

*** 이정희 외(2016), 아동·청소년 대상 한국어능력시험 개발을 위한 기초 연구 - 등급 및 영역 설정을 중심으로-, 한국어 교육 28권1호, 국제한국어교육학회, p.249.

윤희원 외(2010), 한국어능력시험(TOPIK) 개선 방안 연구, 한국교육과정평가원.
이 경·김수은(2014), 한국어교육에서의 어휘 능력 진단 평가 연구, Journal of Korean
    Cultre 25, 한국어문학국제학술포럼, 191-216쪽.
이준호(2015), 아동 한국어 학습자의 한국어 능력 범주 및 평가 구인 설정 연구, 우리어문
    연구 51, 우리어문학회, 303-330쪽.
재외동포재단(2014), 2014 재외동포 교육기관 현황.

이해하기

논문은 자료 기반의 쓰기이다. 자신의 논문에 어떤 자료를 어디에서 얼마나 가지고 왔는지를 반드시 밝혀야 한다. 만약 정해진 형식에 따라 출처를 제대로 표시하지 않으면 글쓰기 위반 즉 표절이 될 수 있다는 점을 명심해야 한다.

1. 출처 표시

출처 표시의 방법은 먼저 크게 두 가지로 구분된다.

첫 번째는 주석이고 두 번째는 참고문헌이다. '주석'이란 논문에서 필자가 자신의 설명이나 주장을 뒷받침하는 것을 말한다. 이러한 자료를 제시하는 행위를 '주석을 달다'라고 말한다. 이 가운데 '참고문헌'은 논문의 가장 마지막 부분에 참고한 논저를 일목요연하게 정리한 목록이다.

앞서 〈생각해보기〉의 사례에서 A-D는 주석, E는 참고문헌이다.

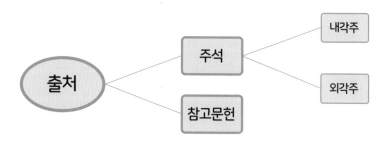

주석과 참고문헌

	주석	참고문헌
위치	논문 내용 속에 포함	논문의 가장 마지막 부분
유형	내각주(본문주), 외각주	–
기능	논문 속에 언급된 내용에 대한 근거를 뒷받침함	참고한 자료의 목록을 일목요연하게 보여 줌

2. 주석

1) 주석

▶ 주석을 통해 필자의 설명이나 주장을 뒷받침하기 위해 활용한 근거를 제시할 수 있다.

▶ 주석을 정확하게 다는 일은 정직한 논문 쓰기를 위한 필수 요건이다.

2) 주석의 유형

▶ 주석에는 내각주(본문주)와 외각주가 있다.

▶ 내각주는 주석을 본문 안에 다는 것이다. '본문주'라고도 한다. '외각주'란 주석을 본문 자체에는 드러내지 않고 각주 번호를 단 후에 그 하단에 내용을 반영하는 것이다.

내각주(본문주) 사례

'표절'과 '글쓰기 윤리' 중에서 무엇을 더 부각시키는가는 특히 교육적 관점에서 주의를 기울여야 할 부분이다. 교육적 관점에서의 표절 관련 논의를 살펴보면, 표절이 갖는 부정적 측면에 대한 문제와 우려에 대한 언급이 많다. Sikes(2009:14)에서는 'Plagiarism'을 사전에서 정의할 때 'unacceptable, unauthorized, theft, crime' 등과 같이 모두 부정적인 표현이 사용되고 있음에 주목하였고 Howard(2002:48)에서도 우리가 '표절'이라는 용어 사용에 좀 신중해야 하며 많은 고민과 반성이 필요함을 강조하였다.

외각주 사례

'교류'의 사전적 정의는 "국가 지역 개인 간에 여러 분야에서 이룩된 문화나 사상 따위의 성과나 경험 등을 서로 주고 받는 것"[3]이다. 국제교류에 있어서 '언어'는 매우 중요한 하나의 매개가 된다. 상대방의 언어로 단 몇 마디 인사말이라도 친근하게 건네는 것, 상대방의 언어에 호감을 갖게 되고 낯선 언어를 배우고자 하는 자연스러운 동기가 유발되는 것으로부터 출발하여 점차 서로 다른 언어권의 화자가 상호이해의 폭을 넓혀가는 일, 상대국의 삶과 문화를 접할 기회를 능동적으로 만들어 가는 행위, 서로에게 실질적으로 소중하고 중요한 존재로 자리잡아가는 과정이야말로 진정한 의미의 '주고받음' 즉 언어를 통한 국제교류라 할 수 있다.

---

3) 〈고려대한국어사전〉의 뜻풀이이다. '교류'는 "사람들이 서로 자주 만나든가 연락하면서 의견이나 물건을 주고받고 하는 것"(연세현대한국어사전), "문화나 사상 따위가 서로 통 함."(표준국어대사전)으로도 정의된다.

┃ 연습하기

1 관심 분야의 논문 3편을 선정하여 출처 표시 부분을 살펴보세요. 내각주와 외각주 사례를 찾아 비교해 보세요.

1) 내각주

2) 외각주

출처 표시 위치

인용한 자료의 출처는 어디에 표시해요?

☑ 출처 표시는 어디에 할까?
  어떤 정보를 어떻게 표시해야 하는지 살펴보자.

💡 생각해보기

1 맞는 것을 고르세요.

정답 p205

1) 내각주의 출처 표시는 문장이 시작될 때 하는 것이 원칙이다.(O / X)

2) 내각주로 출처 표시를 할 때는 저자, 연도 정보가 반드시 필요하다. (O / X)

3) 내각주의 출처 표시의 위치는 비교적 자유롭다. (O / X)

2 맞는 것을 고르세요.

1) 외각주의 번호는 인용이 (시작되는 / 끝나는) 부분에 붙이는 것이 원칙이다.

2) 본문 텍스트 내에서는 다루지 않더라도 어떤 내용에 대한 보충 설명이 필요하
   거나 독자에게 더 풍부한 정보를 제공하고자 할 때는 (본문주 / 외각주)를 활용
   할 수 있다.

이해하기

1. 내각주의 출처 표시 위치

출처의 중요성을 알았더라도 막상 출처를 어디에 밝혀야 할지 어려워하는 사람이 적지 않다. 내각주의 경우 문장에서 출처 표시의 위치는 매우 자유롭다. 글의 흐름에 맞게 '저자(연도:쪽수)' 정보를 형식에 맞게 삽입하면 된다.

> **Tip**
>
> * 내각주의 출처 표시 위치는 자유롭다.
>   문장의 처음, 중간, 끝에 모두 표시할 수 있다.
> * 문장 속에서 출처 표시를 할 때 반드시 필요한 정보는 '저자', '연도'이다.
>   *만약 특정 쪽수에 게재된 내용을 인용한다면 '쪽수' 정보도 필요하다.

1) 문장의 시작 부분에 출처 표시하기
* 저자명(연도:쪽수)에 따르면~

[예] 김하수(2012:39)에 따르면~

2) 문장의 중간 부분에 출처 표시하기
* ~에 관한 연구로 저자명(연도) 등을 들 수 있다.

[예] ~에 관한 연구로는 김호정(2012), 강남욱(2010) 등을 들 수 있다.

3) 문장의 끝 부분에 출처 표시하기
* ~에 대해서는 지금까지 충분한 논의가 이루어져 왔다(저자, 연도).

[예] ~에 대해서는 지금까지 충분한 논의가 이루어져 왔다(강현화, 2010; 원미진, 2012).

2. 외각주의 출처 표시

외각주에서는 인용이 끝나는 지점에 각주 번호를 붙인다.

맞는 사례
최근 국내 거주 이주민 인구가 늘어나면서 그들의 한국 정착을 돕는 한국어, 한국 문화 교육뿐만 아니라 다양한 복지 정책들이 뒷받침되고 있다. 그 가운데 한국어 교육에 관한 관심만큼이나 화두가 되는 것이 바로 이민자들의 심리 상담 그리고 한국생활에서 겪을 수 있는 다양한 문제 해결을 위한 실질적인 지원 문제이다. 이민자들의 정의적 측면을 고려하여 그들의 심리적 안정을 돕는 상담 기회와 접근 방식을 다각도로 확대하고 있다는 기사[1]가 적지 않게 발견되는 것도 이러한 배경에서라 할 수 있다.
────────
1)"광양제철소 결혼 이주여성에 '심리 안정 프로그램'호응", 〈경향신문〉, 2015년 12월 28일자.

틀린 사례
최근 국내 거주 이주민 인구가 늘어나면서 그들의 한국 정착을 돕는 한국어, 한국문화 교육뿐만 아니라 다양한 복지 정책들이 뒷받침되고 있다. 그 가운데 한국어교육에 관한 관심만큼이나 화두가 되는 것이 바로 이민자들의 심리 상담 그리고 한국생활에서 겪을 수 있는 다양한 문제 해결을 위한 실질적인 지원 문제이다. 이민자들의 정의적 측면을 고려하여 그들의 심리적 안정을 돕는 상담 기회와 접근 방식을 다각도로 확대하고 있다는 [1]기사가 적지 않게 발견되는 것도 이러한 배경에서라 할 수 있다.
────────
1)"광양제철소 결혼 이주여성에 '심리 안정 프로그램'호응", 〈경향신문〉, 2015년 12월 28일자.

> **Tip** 보충 설명을 덧붙이는 경우의 외각주 사례
>
> 따라서 실제로 자신의 글에 반영된 선행 연구의 많고 적음에 관계없이 학문 목적 쓰기의 과정에서 절대적으로 충분한 시간과 품을 들여야 하는 것이 바로 선행 연구의 기술 부분[1]임을 부인하기 어렵다.
>
> ────────
>
> 1) 학술텍스트에서 선행 연구가 반영된 모든 부분을 의미하며 학술텍스트의 특정 부분을 지칭하는 것이 아님을 밝혀 둔다. 본고에서의 선행 연구 기술의 구체적인 개념은 2장에서 다루게 될 것이다.

3. 내각주의 출처 표시 사례

동일한 인용 내용에 대한 다양한 출처 표시 방법을 살펴보자.

	인용할 내용	1인칭 대명사 '우리'에 대한 연구 :김정남(2003), 정경옥(2005), 이한규(2007)
문장에서 출처 표시의 위치	처음	• 김정남(2003), 정경옥(2005), 이한규(2007)에서는 1인칭 대명사 '우리'를 중점적으로 논의하였다. • 김정남(2003), 정경옥(2005), 이한규(2007) 등에서는 1인칭 대명사 '우리'를 중점적으로 고찰하였다.

문장에서 출처 표시의 위치	중간	• 1인칭 대명사 '우리'를 중점적으로 다룬 논의로 김정남(2003), 정경옥(2005)을 들 수 있다. • 1인칭 대명사 '우리'를 중점적으로 다룬 연구로 김정남(2003), 정경옥(2005) 등이 있다.
	끝	• 1인칭 대명사 '우리'에 관심을 둔 성과를 찾을 수 있다(김정남, 2003: 정경옥, 2005). • 최근 1인칭 대명사 '우리'에 대한 논의가 활발해졌다(김정남, 2003: 정경옥, 2005: 이한규, 2007).

Tip 출처 표시 위치에 따른 문장 표현 사례

문장의 처음

• **저자(연도)**의 연구를 바탕으로   ~다고 하였다.
• **저자(연도)**의 연구에 따르면   ~을 갖는다.
• **저자(연도), 저자(연도)** 등의 연구에서   ~다고 하였다.
• **저자(연도)**에 따르면   ~을/는 것으로 전망했다.

문장의 중간

• ~다고 보는 입장(**저자, 연도**)으로   ~는가에 관심을 가진다.
• ~는 방법으로 **저자(연도)**은   ~을 다섯 가지 범주로 나누었다.
• ~을 유형화하고 분석한 **저자(연도)**의 연구에서는   ~은 것으로 나타났다.
• ~을 대상으로 한 **저자(연도)**의 연구에서는   ~을 알 수 있다.
• ~가 10배 확대되었는데(**저자, 연도**)   ~라는 측면에서 주목할 필요가 있다.

문장의 끝

• ~는 방법을 모색할 수 있을까에 관심을 둔다(**저자, 연도**).
• ~은 것으로 나타났다(**저자, 연도**).
• ~이라고 제안한 것은 이를 뒷받침한다(**저자, 연도**).
• ~개념이 필요하다(**저자, 연도**).
• ~는 추세를 보이고 있다(**저자, 연도**).
• ~가 확장되고 있는 추세이다(**저자, 연도**).

연습하기

1 다음과 같은 내용을 문장 속에 인용하고자 한다. 세 가지 방식의 출처 표시 방법을 활용해 보자.

정답 p205

	인용할 내용	청소년의 학교폭력에 대한 연구 : 가상준·김강민·임재형(2013), 조종태(2013), 최민음 외(2012)
문장에서 출처 표시의 위치	처음	
	중간	
	끝	

2 다음의 예에서 출처가 표시된 위치를 비교하면서 그 차이점을 이야기해 보자.

정답 p206

A.

'선행 연구'는 학술텍스트의 시작점이자 도달점에서 빼놓을 수 없는 것으로(김성숙:2013), 앞서 이루어진 연구 성과를 통칭하는 개념이라 할 수 있다. '선행 연구' 이외에도 '앞선 연구', '기존 논의', '기존 성과' 등으로도 다양하게 불린다.

B.

필자의 글과 연관성과 긴밀성이 떨어지는 단지 몇 편의 선행 연구에 기대어 내용을 기계적으로 옮겨오는 일, 글의 대부분이 선행 연구로 채워지고 필자의 관점이 전혀 드러나지 않는 일, 여러 선행 연구에서 가져온 내용들이 유기성 없이 단순히 나열되는 일 등이 대표적인 예이다(최은지,2009; 이인영,2011; 이윤진,2012).

3 출처 표시 위치에 따른 예를 찾아보자.

1) 출처가 문장 처음에 제시된 사례 (2개)
　㉠로즈만(Rozman, 2002)은 한일 관계가 영역에 따라 다르게 전개된다고 주장한다.

　①

　②

2) 출처가 문장 중간에 제시된 사례 (2개)
　㉠ ~에 대한 논의는 Lakoff(1973)에서 시작되어 Leech(1983), Brown(1987)으로 이어졌다.

　①

　②

3) 출처가 문장 끝에 제시된 사례 (2개)
　㉠ 문화 시장의 새로운 주체들인 청소년들에 의해 대중문화 전반의 성격과 지형이 큰 변화를 겪게 된다(김창남, 2003).

　①

　②

11부
글쓰기 윤리와
유사도 검사

Practice

30

논문 작성과 글쓰기 윤리

글쓰기 윤리 준수가 좋은 논문 쓰기의 기본이라고요?

☑ '글쓰기 윤리', '표절'이란 무엇일까?

☑ 논문을 작성할 때 왜 글쓰기 윤리를 지켜야 할까?

💡 생각해보기

정답 p206

1 글쓰기 윤리의 준수 여부를 판단해 보세요.

1) 논문 작성 과정에서 인터뷰를 실시한 후 인터뷰 대상을 실제보다 조금 늘려서 표시하였다. <u>자료의 변조는</u> 표절이다. (○ / ×)

2) 기초 자료 수집을 위해 현장 조사를 다녀왔다. 하지만 사전에 치밀한 계획을 세웠음에도 현지 사정으로 인해 미처 조사하지 못한 것이 생겼다. 이에 논문에 각주를 달아 처음 계획과 실제 활동 내용에서 차이가 발생한 <u>이유를 구체적으로</u> 밝혔다. (○ / ×)

3) 논문 작성의 과정에서 <u>다른 사람으로부터 얻은 아이디어</u>에 대해서는 그 출처를 명시할 필요가 없다. (○ / ×)

4) 논문 작성 과정에서 여러 편의 선행 연구를 읽으면서 필요한 내용을 정리해 두 었다. 깜빡 잊고 출처 정보를 써 두지 않은 자료가 있음을 깨닫고 해당 자료를 다시 찾았지만 발견할 수 없었다. 할 수 없이 논문에는 <u>'어떤 자료에 따르면 ~'</u> 이라는 문구를 붙였다. (○ / ×)

5) 참고문헌 목록을 작성하던 중 실제로 참고한 자료의 수가 너무 빈약하다는 것 을 깨달았다. <u>참고하지는 않았지만</u> 논문의 키워드가 비슷한 논문을 더 찾아 넣 어서 최종 목록을 완성했다. (○ / ×)

168

이해하기

1. 글쓰기 윤리

1) 개념
▶ 글쓴이가 속한 사회에서 쓰기를 수행하는 모든 과정에서 지키도록 요구하는 행위 규범이다.

2) 글쓰기 윤리의 중요성
▶ 정직한 학문 수행의 바탕이 된다.
▶ 모든 계열과 분야를 막론하고 준수되어야 하는 것이다.
▶ 글쓰기 윤리 위반으로 얻은 최종 결과물은 학습자의 학업 능력 신장에 기여한 바가 없고 무가치한 것이 된다.

2. 표절

1) 개념
▶ 다른 사람의 성과를 마치 자신의 것처럼 사용하는 행위를 말한다.
▶ 비유적으로 학문적 도둑질(academic theft/crime)이라고도 한다.

2) 표절의 위험성
▶ 표절은 개인의 학문적 성장은 물론 학문의 발전에 부정적인 영향을 끼친다.
▶ 표절은 당사자뿐 아니라 해당 학문 분야 구성원 모두가 피해자가 될 수 있다.

3) 표절의 유형
▶ 논문 구매, 자료 위조, 자료 변조, 짜깁기, 베끼기, 잘못된 인용, 출처 누락 등과 같이 표절의 유형은 매우 광범위하다.

4) 유의점
▶ 의도적인 표절뿐만 아니라 비의도적인 실수도 표절이 될 수 있다.
▶ 표절은 단지 도덕성의 문제만이 아니라 논문 쓰기 능력과 직결되는 것이다.
▶ 표절이 나쁘다는 것을 인식하더라도 무의식중에 표절을 범할 수 있다.
▶ 표절을 피하기 위한 노력, 의지, 관리가 필수적이며 바람직한 논문 쓰기를 위한 반복된 연습과 훈련이 필요하다.

> **Tip** 표절과 출처 표시
>
>
>
> 학문의 과정은 '이어달리기'에 비유할 수 있다. 나보다 앞서 달린 주자로부터 바통을 이어받아야 내가 출발할 수 있고 정해진 코스를 달린 후에는 그 바통을 다음 주자에 전해주도록 되어 있기 때문이다.
>
> 그런데 어떤 바통을 누구에게 어디에서 받았는지를 명확하게 밝히지 않고 마치 내가 가장 첫 번째 주자로 달린 것으로 상대가 오해하게끔 한다면 그 경기는 공정성을 잃게 된다. 바통을 나에게 애써 전달해 준 사람의 기여를 인정하지 않는 것이 될 뿐만 아니라 내가 가진 바통에 대해서도 신뢰나 정당성을 확보하지 못한다. 또한 내가 잘 달리도록 열심히 응원해 준 관중이나 나를 믿고 내 바통을 이어받은 주자에게도 거짓말을 한 셈이 된다. 그만큼 바통의 출처는 매우 중요하다.
>
> 논문 작성에서 바통은 곧 선행 연구에서 가져온 자료라 할 수 있으며 출처 표시가 없거나 잘못 남기는 것은 모두 표절이 된다.

┃ 연습하기

1 연구윤리서약서 샘플을 찾아 읽어보세요. 어떤 내용이 있으며 자신이 특히 주의해야 할 것은 무엇인지 말해보세요.

---

*연구윤리에 대해서는 한국연구재단 지정 "연구윤리정보센터"(http://www.cre.or.kr/)에서 상세한 정보를 얻을 수 있다.

기존 논문과 유사도 확인

다른 논문과의 유사도를 알고 싶을 때는요?

☑ 유사도 검사란 무엇일까?

☑ 기존 논문과의 유사는 검사는 어떻게 할까?

💡 생각해보기

1 맞으면 ○, 틀리면 ✕ 하세요.

정답 p207

1) 유사도 검사를 함으로써 자신의 논문에서 출처가 누락된 부분을 발견할 수 있다. (○ / ✕)

2) 유사도 검사의 수치는 매우 믿을 만한 것이므로 이것만으로 표절 여부를 판단할 수 있다. (○ / ✕)

ℹ️ 이해하기

논문을 작성하는 과정이나 초고를 어느 정도 완성한 후 인용한 부분의 출처 표시가 누락된 것은 없는지 잘못된 깃은 없는지를 꼼꼼하게 확인해야 한다.

한국학술지인용색인 (https://www.kci.go.kr) 홈페이지에 접속한다.

KCI로 검색하면 바로 찾을 수 있다. 기존 논문과 자신이 쓴 글과의 유사도를 확인하는 방법을 살펴보자

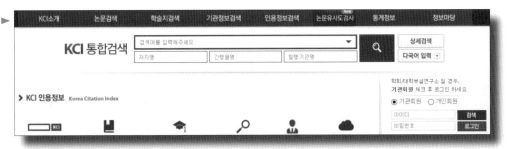

------ 유사도 검사를 할 파일을 업로드한다.

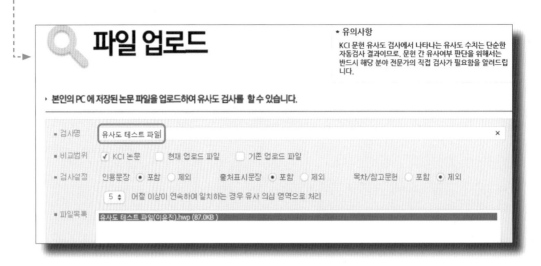

------ 파일을 업로드한 후에 '유사도검사'를 선택한다.

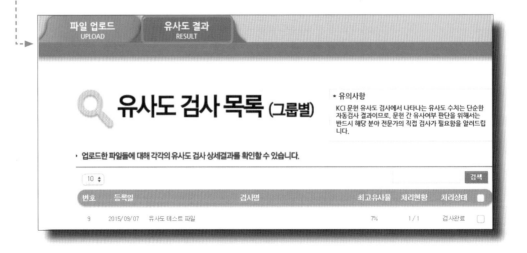

------ 업로드한 파일의 검사가 완료되면 유사도 상세 결과를 얻을 수 있다.

파일명을 클릭하면 아래와 같은 화면이 나타나며 종합결과를 다운로드할 수 있다.

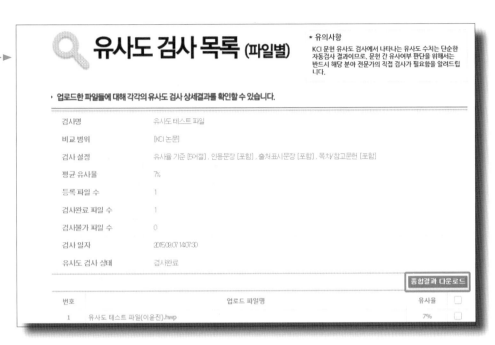

파일명을 클릭하면 각 문장별 유사도 상세 내용을 확인할 수 있다. 아래 예시의 경우 전체 유사율은 7%이고 전체 문장(230개) 중에 동일문장(0개), 유사의심문장(35개)로 나타났다.

유사의심문장이 어떤 것인지는 하나하나 확인해 보는 것이 좋다.

> **Tip**
>
> 유사의심문장이 곧 표절을 의미하지는 않는다. 논문에 자주 나타나는 표현이 일치해도 유사도가 높게 나올 수 있기 때문이다. 따라서 유사의심문장은 하나 하나 꼼꼼히 확인함으로써 표절 여부를 판단할 필요가 있다.

173

좌측의 검사 문서에 문장 유사율이 높은 사례를 보면 인용 포함 문장이라는 표시가 나타난다. 이와 비교된 문장은 우측에 나타나며 각 내용과 서지정보를 구체적으로 확인한다.

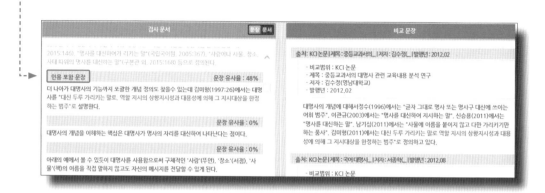

KCI문헌 유사도 검사 종합 결과 확인서를 출력할 수 있다. 다운로드를 클릭하면 '상세보기'와 '요약보기'로 선택이 가능하다.

'요약보기'의 경우 평균 유사율과 최고 유사율 수치를 보여준다.

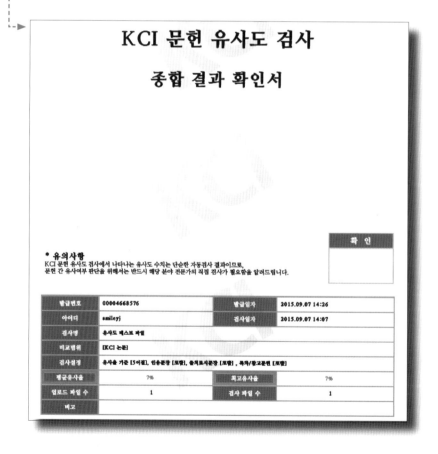

상세보기의 경우, 유사도 검사 파일과 KCI에 등록된 논문의 내용을 1:1로 비교해서 보여준다.

인용 포함 문장	문장유사율: 48%
더 나아가 대명사의 기능까지 포괄한 개념 정의도 찾을수 있는데 김미형(1997:26)에서는 대명사를 "대신 두루 가리키는 말로, 역할 지시의 상황지시성과 대용성에 의해 그 지시대상을 한정하는 범주"로 설명한다.	

KCI 논문 ㅣ 제목 : 중동교과서의 대명... ㅣ 저자 : 김수정(영... ㅣ 발행년 : 2012.02
대명사의 개념에 대해서정수(1996)에서는 "글자 그대로 명사 또는 명사구 대신에 쓰이는 어휘 범주", 이관규(2003)에서는 "명사를 대신하여 지시하는 말", 신승용(2011)에서는 "명사를 대신하는 말", 남기심(2011)에서는 "사물에 이름을 붙이지 않고 다만 가리키기만하는 품사", 김미형(2011)에서는 대신 두루 가리키는 말로 역할 지시의 상황지시성과 대용성에 의해 그 지시대상을 한정하는 범주"로 정의하고 있다.

KCI 논문 ㅣ 제목 : 국어 대명사의 체... ㅣ 저자 : 서종학(영... ㅣ 발행년 : 2012.08
(ㄷ) 대명사는 대신 두루 가리키는 말로 역할 지시의 상황지시성과 대용성에 의해 그 지시대상을 한정하는 범주(김미형 1990, 1997) (ㄹ) 대명사란 대상을 가리키는 단어들의 부류이다.

인용 포함 문장	문장유사율: **48%**
더 나아가 대명사의 기능까지 포괄한 개념 정의도 찾을수 있는데 김미형(1997:26)에서는 대명사를 "대신 두루 가리키는 말로, 역할 지시의 상황지시성과 대용성에 의해 그 지시대상을 한정하는 범주"로 설명한다.	

KCI 논문 ㅣ 제목 : 중동교과서의 대명... ㅣ 저자 : 김수정(영... ㅣ 발행년 : 2012.02
대명사의 개념에 대해서정수(1996)에서는 "글자 그대로 명사 또는 명사구 대신에 쓰이는 어휘 범주", 이관규(2003)에서는 "명사를 대신하여 지시하는 말", 신승용(2011)에서는 "명사를 대신하는 말", 남기심(2011)에서는 "사물에 이름을 붙이지 않고 다만 가리키기만하는 품사", 김미형(2011)에서는 대신 두루 가리키는 말로 역할 지시의 상황지시성과 대용성에 의해 그 지시대상을 한정하는 범주"로 정의하고 있다.

KCI 논문 ㅣ 제목 : 국어 대명사의 체... ㅣ 저자 : 서종학(영... ㅣ 발행년 : 2012.08
(ㄷ) 대명사는 대신 두루 가리키는 말로 역할 지시의 상황지시성과 대용성에 의해 그 지시대상을 한정하는 범주(김미형 1990, 1997) (ㄹ) 대명사란 대상을 가리키는 단어들의 부류이다.

> **Tip**
>
> 연구윤리교육포털 '카피킬러'(https://www.copykiller.com/)에서도 표절 검사 서비스를 이용할 수 있다.

연습하기

1 유사도 검사를 직접 해 봅시다. 자신의 논문 초고 또는 다른 글쓰기 파일을 활용해도 좋습니다.

정답 및 해설

Practice **01** 논문이란?
논문은 주관적인 글이 아니라고요?

💡 **생각해보기** p.12

1 다음은 어떤 글입니까? 알맞은 것을 선택해 보세요.

1) 신문기사

2) 뉴스

3) 논문

4) 동화

📗 **연습하기** p.15

1 다음은 논문의 일부입니다. 질문에 답해 보세요.

1) 위의 글이 '신문기사'와 다른 점은 무엇일까요? 비교해서 말해 보세요.

☞ 신문기사는 보고 들은 사실을 있는 그대로 전달하는 글이다. 글쓴이의 의견이나 주장이 부각되지 않는다. 내용면에서는 육하원칙에 따라 명확하게 기사를 써야 한다.

☞ 논문은 논증적인 글쓰기이다. 공신력 있는 근거(선행 연구)에 기대어 글쓴이의 의견을 드러낸다. 위의 글(논문)에서는 어떤 사회문제에 대해 실제 사례들과 선행 연구를 들면서 연구 문제를 제기하고 있다.

2) 위의 글이 '시'나 '소설'과 다른 점은 무엇일까요? 비교해서 말해 보세요.

☞ '시'나 '소설'은 문학작품이다. '사실'이나 '근거'를 바탕으로 하지 않아도 되며 '인용'도 필수가 아니다.

☞ 논문에서는 인용이 필수적이다.

3) 위의 글이 '일기'와 다른 점은 무엇일까요? 비교해서 말해 보세요.

☞ 일기는 글쓴이 자신을 위한 글이다. 주관적인 글이며 공개를 목적으로 하지 않는다.

☞ 논문은 학문적 독자를 예상하여 쓰는 글이다. 논문은 정해진 형식에 따라 적절한 표현을 사용하여 작성한다.

02 학위논문
학위논문은 누가 왜 써요?

생각해보기 p.16

1 다음은 학위논문일까요? 학술지논문(소논문)일까요? 알맞은 것을 선택해 보세요.

1) 학위논문

2) 학술지논문(소논문)

2 다음을 읽고 맞으면 ○, 틀리면 ×하세요.

1) '학위논문'은 '졸업논문'이라고도 한다. (○ / ×)

2) 학위논문은 수필(에세이) 형식의 글이다. (○ / ×)
☞ 학위논문은 논문 쓰기 형식을 준수해서 작성해야 한다.

3) 학위논문은 반드시 출판사를 통해 단행본으로 출간해야 한다. (○ / ×)
☞ 학위논문은 편집 후 제본(하드커버, 소프트커버)하여 소속 학교에 제출하면 된다. 단행본 출간은 필수가 아니다.

4) 공식적인 심사 과정을 거치지 않고도 학위논문을 작성할 수 있다. (○ / ×)
☞ 학위취득을 위해서는 반드시 정해진 심사 과정을 거쳐서 학위논문을 작성해야 한다.

5) 학위논문은 필자가 원하지 않을 경우 철저히 비공개로 할 수 있다. (○ / ×)
☞ 학위논문은 공개를 원칙으로 한다. 단, 논문 파일 공개를 원하지 않을 경우는 종이 제본의 형태로만 공개할 수 있다.

연습하기 p.19~20

1 네이버 학술정보에서 '한류'를 검색어로 하여 최신 석사학위논문, 박사학위논문을 1편씩 찾은 후 다음 표를 완성해 보세요.

(해설생략)

2 네이버 학술정보에서 자신의 관심 분야 및 전공 분야의 키워드를 하나 선정하여 학위논문을 검색한 후 다음 표를 완성해 보세요

(해설생략)

Practice **03** 학위논문과 소논문
학위논문과 소논문의 다른 점이 뭐예요?

생각해보기
p.21

1 다음은 논문 목차의 일부 또는 전체입니다. 학위논문의 목차인지 소논문의 목차인지 선택해 보세요.

국문 요약
Ⅰ. 서론
1. 연구의 필요성
2. 선행 연구 검토
3. 연구의 목적
Ⅱ. 이론적 배경
1. 글쓰기 윤리
1.1. 글쓰기 윤리의 개념 및 층위
1.2. 글쓰기 윤리와 표절
1.3. 글쓰기 윤리에 대한 교육적 접근
2. 자료 사용과 글쓰기 윤리
2.1. 자료 사용에 있어서 윤리성의 문제
2.2. 자료 사용과 자료 사용 능력의 정의
2.3. 자료 사용 교육과 글쓰기 윤리

1. 들어가며
2. 논의의 배경
2.1 실제성의 개념 및 선행 연구
2.2 표준 한국어 교재 『세종한국어』의 대화문
3. 연구 절차 및 방법
4. 실제성 제고를 위한 한국어 교재 활용
4.1 대화문 활용의 원리
4.2 대화문 활용 사례
5. 나오며

☑ 학위논문　☐ 소논문　　　☐ 학위논문　☑ 소논문

2 다음은 학위논문과 소논문의 차이입니다. 맞는 것을 고르세요.
1) (학위논문 / 소논문)에는 인준서가 있다.
2) 소논문은 학위논문에 비해 목차 구성이 더 (간결하다 / 복잡하다).
3) (학위논문 / 소논문)은 학술지마다 정해진 시기에 논문을 투고한 후 비공개 심사 결과에 따라 게재 여부가 결정된다.
4) 최종 심사를 거쳐 (학위논문 / 소논문)의 통과가 결정되면 학위 과정을 마칠 수 있다.
5) 일반적으로 학위논문은 소논문에 비해 논문의 분량이 (긴 / 짧은) 편이다.

연습하기
p.24

1 전공 또는 관심 분야의 석사 학위논문과 소논문을 1편씩 찾아서 비교한 후 다음 표를 완성해 보자.
(해설생략)

Practice **04** 논문의 구성 체제
논문의 구성을 마음대로 정할 수 없어요?

생각해보기   p.26

1 다음은 학위논문을 구성하는 각각의 구성 체제에 대한 설명입니다. 맞는 것을
찾아 써 보세요.
1) 인준서
2) 차례(목차)
3) 국문 요약
4) 표지
5) 참고문헌

2 다음은 학위논문의 구성 체제 중 일부입니다. 학위논문의 체제에 맞게 순서대로
배열해 보세요.

3 소논문의 구성 체제에 맞게 배열해 보세요.

연습하기   p.29~30

1 전공 분야의 석사 학위논문과 소논문을 2편 이상씩 찾아 각 구성 체제를 비교해
보자.(학위논문의 경우 자신의 소속 학교 논문을 반드시 1편 이상 찾을 것)
(해설생략)

Practice **05** 논문의 분량
길게 쓸수록 좋은 논문일까요?

💡 생각해보기
p.31

1 아래 질문에 대해 자신의 생각을 말해 보세요.
(해설생략)

연습하기
p.33~34

1 전공 분야의 석사/박사 학위논문을 3편 이상 찾아 아래 표를 완성해 보자.
(해설생략)

2 전공 분야의 소논문을 3편 이상 찾아 아래 표를 완성해 보자.
(해설생략)

Practice **06** 논문의 문장과 어휘
구어를 논문에 쓰면 어색할까요?

💡 생각해보기
p.36

1 다음 중에서 논문에 가장 어울리는 표현을 찾아보세요.
1) ① 증가해요 ② 증가합니다 ③ 증가해 ④ 증가한다

2) ① 나는 ② 당신은 ③ 저는 ④ 이 글에서는

3) ① 이상으로 ② 아까까지 ③ 방금까지 ④ 조금 전까지

4) ① 최 교수님이 말씀하신~ ② 최승호(2015)에서 언급한~
③ 최 연구자가 이야기한 ~ ④ 최승호 님(2010)께서 지적하신~

5) ① 근데 ② 그러나 ③ 그치만 ④ 그게 아니라

6) ① 그러므로 ② 그러니까 ③ 그래 가지고 ④ 그리고서는

7) ① 이건 ② 이것은 ③ 이걸 ④ 이게

8) ① 할려고 한다 ② 하고자 한다 ③ 할 거다 ④ 하려구 한다

9) ① 너무 ② 되게 ③ 진짜 ④ 매우

10) ① 이런 ② 이와 같은 ③ 이거처럼 ④ 이거랑 똑같이

11) ① ~라고 한 응답자는 한 분밖에 안 계셨다
    ② ~라고 한 응답자는 한 명에 불과하였다
    ③ ~라고 응답한 사람은 한 분밖에 없었다
    ④ ~라고 대답한 사람은 정말 적었다

연습하기
p.40

1 다음을 논문에 적합한 표현으로 수정해 보세요.

1) 나는 내 논문에서 청소년의 알바 실태에 대해서 알아보려구 해요.
⋯› 본고에서는 청소년의 아르바이트 실태에 대해서 알아보고자 한다.
⋯› 이 글에서는 청소년의 아르바이트 실태에 대해서 알아볼 것이다.

2) 저는 제 연구에서 국외 자료는 안 포함하고 국내 자료를 중심으로 분석했습니다.
⋯› 이 연구에서는 (국외 자료는 포함하지 않고) 국내 자료를 중심으로 분석하였다.
⋯› 이 연구에서는 (국외 자료는 배제하고) 국내 자료로 한정하여 분석하였다.

3) 최근 언어폭력이 문제가 진짜 심각해졌어요.
⋯› 최근 언어폭력 문제가 매우 심각해졌다.
⋯› 최근 언어폭력에 대한 문제가 상당히 심각해졌다.

4) 이윤진 샘 논문(2014)을 살펴보면 외국인 대학생이랑 대학원생들 위한 논문 쓰
기 교육의 중요성 얘기합니다.
⋯› 이윤진(2014)은 외국인 대학생과 대학원생들을 위한 논문 쓰기 교육의 중요성을 강
조한다.
⋯› 이윤진(2014)에서는 외국인 대학생과 대학원생들을 위한 논문 쓰기 교육의 중요성
을 언급하였다.

Practice **07** 체제별 내용 구성과 표현
논문에 자주 나오는 표현이 있다고요?

생각해보기 p.41

1 다음 중 의미가 다른 하나를 찾아보세요.
1) ① 서론 ② 들어가기 ③ 머리말 ④ 맺음말
2) ① 나오며 ② 마치며 ③ 도입 ④ 결론

2 다음 중 '연구 목적'과 관계가 적은 표현은 무엇입니까?
① 이 연구에서는 -고자 한다.
② 이 연구에서는 -을/를 살펴보았다.
③ 이 연구에서는 -기로 한다.
④ 이 연구에서는 -을 것이다.

3 다음 표현이 공통적으로 의미하는 것은 무엇입니까?
① 연구의 한계점 ② 연구 현황 ③ 연구의 의의 ④ 후속 과제

연습하기 p.46~48

1 논문의 내용 구성에 어울리는 표현을 찾아 연결해 보세요.

1) 연구 목적   다음과 같은 순서로 연구를 진행한다.

2) 기존 연구의 한계   ~에 대한 논의가 시급하다.

3) 연구의 필요성   본 연구의 성과는 ~에 기여할 것으로 본다.

4) 연구 대상   본 연구에서 중점적으로 살피고자 하는 것은 ~이다.

5) 연구 절차   본 연구의 목적은 ~는 것이다.

6) 연구 의의   그럼에도 불구하고 지금까지 ~에 대한 연구는 많지 않았다.

2 다음은 논문의 일부입니다. 제시된 예가 다음 중 어디에 해당하는 내용인지 찾아 써 보세요. 내용 구성을 잘 드러내는 표현에 밑줄을 그어 보세요.

1) 연구 목적

이에 <u>본고에서는</u> 학술텍스트에서 고빈도로 쓰이는 정형화된 헤지 표현인 '-ㄹ 수 있다'의 사용 양상을 분석함으로써 '-ㄹ 수 있다' 구문의 특징을 밝히고 학문 목적 한국어 교육의 기초 자료가 되는 표현문형을 도출하<u>는 데에 목적을 두고자 한다.</u>

2) 기존 연구의 한계 or 문제 제기

<u>그간</u> 한국어 학술텍스트에서 나타나는 헤지 표현에 대한 관심과 논의<u>를 살펴보면,</u> 헤지의 개념과 기능, 필자의 인식, 학습 내용의 목록화 등이 개괄적으로 다루어져 온 성과(신명선, 2006; 신영주, 2011; 이준호, 2012)<u>는 있었지만</u> 특정 주요 표현을 중점적<u>으로 고찰한 논의는 찾기 어려웠다.</u>

3) 선행 연구 검토

먼저 '헤지' 관련 용어<u>부터 검토해 보면,</u> '헤지 표현'(신명선,2006; 김진석,2008; 이준호,2012), '주저표현'(박나리,2013) 이외에도 '완화 표지'(신영주,2011; 심호연,2013), '완충장치'(이남경,2012:82), '울타리 표현'(이찬규·노석영, 2012), '울타리어'(노은희, 2006;정소우·김은주,2013), '방책어'(김은주, 2011) 등으로 다양하게 쓰이고 있다.

4) 연구 의의

이 글은 학술텍스트에서 나타나는 고빈도 헤지 표현으로 '-ㄹ 수 있다'를 <u>본격적으로</u> <u>논의한 최초의 연구로서</u> 교수·학습에 적용할 수 있는 기초 자료를 제공했<u>다는 점에서</u> <u>의의가 있다.</u>

5) 후속 연구

또한 <u>본고에서 분석한</u> 통합형(복합형) 구문 <u>이외에</u> 명제의 내용에 '-ㄹ 수 있다'가 직접 연결되는 헤지 유형, '-ㄹ 수 있다'에 선행하는 서술어 및 어휘의 특성, '-ㄹ 수 있다'의 후행 표현 등<u>에 대해서도 후속 연구가 이루어져야 할 것이다.</u>

3 전공 및 관심 분야의 논문을 1편 찾은 후 '내용 구성'을 분석해 보세요. 내용 구성을 잘 드러내는 표현에 밑줄을 긋고 다음과 같이 메모해 보세요. 2개 이상의 내용 구성이 복합적으로 반영된 표현이 있다면 '연구 목적+연구의 필요성'과 같은 방법으로 쓰세요.

(해설생략)

Practice **08** **학술자료와 비학술자료**
논문에 아무 자료나 참고할 수 없다고요?

🔆 생각해보기

p.50

1 논문을 작성할 때 다음 자료를 활용할 수 있을까요? 자신의 의견을 표시하고 그 이유를 말해 보세요.

1) 친한 동아리 선배가 쓴 학기말 보고서

☐ 적절하다　　　　☑ 부적절하다　　　　☐ 모르겠다

이유 : 학기말 보고서는 학생 개인이 교과목 이수를 위해 작성한 것이며 공식적으로 학계에 공개
　　　된 글이 아니다. 아무리 친한 동아리 선배가 자신의 글을 참고하도록 허락했다고 해도 논
　　　문 작성에 참고할 자료로 적절하지 않다.

2) 학술저널(학술지)에 게재된 전문 연구자의 글

☑ 적절하다　　　　☐ 부적절하다　　　　☐ 모르겠다

이유 : 학술저널에 실린 글은 검증된 참고 자료이다.

3) 인터넷의 개인블로그에서 퍼온 글

☐ 적절하다　　　　☑ 부적절하다　　　　☐ 모르겠다

이유 : 출처가 명확하지 않고 공식적으로 검증된 글이라 할 수 없다.

4) 출처불명이지만 전문가가 쓴 것으로 보이는 글

☐ 적절하다　　　　☑ 부적절하다　　　　☐ 모르겠다

이유 : 출처불명의 자료는 논문에 참고할 수 없다.

5) 전공 분야 단행본의 일부

☑ 적절하다　　　　☐ 부적절하다　　　　☐ 모르겠다

이유 : 전공 분야의 단행본은 논문 쓰기에 참고할 수 있는 좋은 자료이다.

6) 주요 일간지의 뉴스 및 칼럼

☑ 적절하다　　　　☐ 부적절하다　　　　☐ 모르겠다

이유 : 뉴스 및 칼럼은 사실을 바탕으로 한 공신력 있는 자료이므로 논문 쓰기에 활용할 수 있다.

7) 통계청의 국가통계포털(http://kosis.kr)에 공개된 최신 통계 자료

☑ 적절하다   ☐ 부적절하다   ☐ 모르겠다

이유 : 최신 통계 자료가 필요할 때 국가통계포털은 매우 유용하다.

8) 국어사전/백과사전

☑ 적절하다   ☐ 부적절하다   ☐ 모르겠다

이유 : 어떤 용어의 뜻풀이 및 일반적인 정보를 확인하고자 할 때 사전을 활용할 수 있다.

9) 국내외 대학의 학위 논문

☑ 적절하다   ☐ 부적절하다   ☐ 모르겠다

이유 : 학위 논문은 논문 쓰기에 활용할 수 있는 대표적인 자료이다.

10) 리포트 구매 사이트에서 유료로 구매한 자료

☐ 적절하다   ☑ 부적절하다   ☐ 모르겠다

이유 : 타인의 리포트를 유료로 구매하여 참고하는 것은 윤리적으로 옳지 않은 행위이다. 또한 표절이 될 가능성이 높다.

연습하기   p.53~54

1 A~D는 다음 중 어떤 자료에 해당하는지 살펴보자. 그리고 논문에 활용할 수 있는 학술자료인지 비학술자료인지 써보자.

1) A는(신문기사)의 일부이다.

   학술자료로(활용할 수 있다 / **활용하기에 바람직하지 않다**).

2) B는(개인 블로그 글)의 일부이다.

   학술자료로(활용할 수 있다 / **활용하기에 바람직하지 않다**).

3) C는 (소논문)의 일부이다.

   학술자료로(**활용할 수 있다** / 활용하기에 바람직하지 않다).

Practice **09** 학술자료 탐색
가장 효율적인 자료 찾기 방법이 뭐예요?

💡 생각해보기   p.55

1 다음의 학술자료를 찾으려고 합니다. 가장 효율적인 방법은 무엇일까요?
 1) 소속 학교의 도서관에서 빌릴 수 있다.
 2) 학술정보 검색 포털에서 찾을 수 있다.
 3) 소속 학교를 통해 학위논문 상호 대차 서비스를 이용할 수 있다. 논문 파일은 학술 정보 검색 포털에서 찾을 수 있다.

연습하기   p.58

1 자신에게 필요한 학술정보를 어떻게 찾을 수 있는지 직접 실습해 보세요.
 (해설생략)

2 다양한 학술정보 검색포털에 접속해 보고 각각의 특징에 대해 메모해 보세요.
 (해설생략)

Practice **10** 선행 연구 목록 작성
선행 연구를 목록화하고 싶을 때는요?

💡 생각해보기   p.60

1 선행 연구 목록을 만들려고 합니다. 다음에 대해 생각해 보세요.
 Practice10 〈이해하기〉 부분 참조.

연습하기   p.64~65

1 다음 조건에 맞게 학술 자료를 검색해 보세요.
 (해설생략)

11 최신 학술자료의 자동 알림 설정
가장 최신의 논문 정보를 알려주는 서비스가 있다고요?

생각해보기 p.66

1 다음 질문에 대해 생각해 보자.

1) 최신 논문 알림 받기 서비스가 있다.

2) Practice11 〈이해하기〉 부분 참조.

연습하기 p.69

1 자신의 관심 주제와 관련된 키워드를 생각한 후 학술 자료 자동 알림 설정을 해 보세요. (3개 이상 등록해 볼 것)

(해설생략)

12 참고문헌의 중요성
참고문헌이 없으면 논문이 아닌가요?

생각해보기 p.72

1 맞으면 ○, 틀리면 × 하세요.

1) 모든 논문에는 참고문헌이 있다. (○ / ×)

2) 참고문헌의 목록은 많을수록 좋다. (○ / ×)

3) 참고문헌 목록을 작성할 때는 정해진 형식을 따라야 한다. (○ / ×)

4) 논문 안에서 출처를 밝혔다면 참고문헌을 따로 만들지 않아도 된다. (○ / ×)

5) 논문에서 인용하지 않은 것이라도 논문을 쓰기 위해 필자가 읽은 논저는 모두 참고 문헌 목록에 넣는 것이 원칙이다. (○ / ×)

연습하기 p.74

1 전공 및 관심 분야의 논문을 찾아 각 논문의 참고문헌 목록을 살펴보세요. 참고문헌의 분량과 참고문헌 편수를 아래 표에 적어 보세요.

(해설생략)

Practice **13** 참고문헌의 자료 유형
어떤 자료가 참고문헌에 들어가요?

생각해보기 p.75

1 맞으면 ○, 틀리면 × 하세요.
   1) 참고문헌은 논문 작성 시 어떤 자료를 참고했는지를 일목요연하게 보여준다. (○ / ×)
   2) 참고문헌에 단행본(책)은 포함하지 않는다. (○ / ×)
   3) 동일 저자의 참고 자료는 2번 이상 포함하지 않는다. (○ / ×)
   4) 대학원생이 작성한 기말보고서도 참고문헌 목록에 포함할 수 있다. (○ / ×)

연습하기 p.78~79

1 다음 참고문헌에서 단행본에는 '책' 석사학위논문에는 '석사', 박사학위논문에는 '박사', 학술지논문(소논문)에는 '소논문'라고 표시해 보세요.
   (해설생략)

2 위의 참고문헌 중 동일 저자의 자료가 2편 이상 실린 예를 모두 찾으세요.
   1) 가은애(2009), 가은애(2011)
   2) 강승혜(1999), 강승혜(2003)
   3) 이인재(2008), 이인재(2010)

3 위의 참고문헌 중 공저인 자료를 모두 찾으세요.
   1) 이효녕 외(2009)
   2) 박민혜·이호(2010)
   3) 윤소정· 최용성·최병학·양삼석(2011)

4 위의 참고문헌 중 번역서를 찾으세요. 원저자와 번역자의 이름을 써 보세요.
   번역서 : 포스너(2009), 정해룡 역『표절의 문화와 글쓰기의 윤리(The Little Book of Plagiarism)』, 산지니.
   원저자 : 포스너
   번역자 : 정해룡

Practice 14 참고문헌의 일관성과 다양성
참고문헌이 없으면 논문이 아닌가요?

🔆 생각해보기　　　　　　　　　　　　　　　　　p.80

1 맞으면 ○, 틀리면 × 하세요.
1) 학문 분야를 막론하고 참고문헌 목록의 작성 형식은 모두 같다. (○ / ×)
2) 한 편의 논문에서 참고문헌 작성 형식은 일관성이 있어야 한다. (○ / ×)
3) 참고문헌에서 단행본과 논문을 별도로 구분하여 목록화하기도 한다. (○ / ×)

▌연습하기　　　　　　　　　　　　　　　　　　p.83

1 다양한 논문(학위논문, 소논문)의 참고문헌 목록의 형식을 살펴보자. 참고문헌의 사례를 하나씩 적은 후 연도 정보(앞 또는 뒤)가 어디에 있는지 참고문헌 작성에 사용된 부호는 무엇인지 어떻게 쓰였는지 알아보자.
(해설생략)

Practice 15 참고문헌의 배열 순서
자료의 배열 순서가 따로 있어요?

🔆 생각해보기　　　　　　　　　　　　　　　　　p.84

1 맞으면 ○, 틀리면 × 하세요.
1) 국내 논저를 먼저, 외국 논저를 그 뒤에 배열한다. (○ / ×)
2) 참고문헌 배열의 첫 번째 기준은 출간 연도이다. (○ / ×)
3) 국내 논저는 저자명을 가나다순으로, 외국 논저는 알파벳순으로 배열한다. (○ / ×)

▌연습하기　　　　　　　　　　　　　　　　　p.86~90

1 A와 B중에서 참고문헌 목록 제시 순서가 바른 것은 무엇인지 그 이유는 무엇인지 말해보세요.
제시 순서가 바른 것 : (A)
이유 : 저자명을 가나다 순으로 배열해야 한다.

2 A와 B중에서 참고문헌 목록 제시 순서가 바른 것을 찾아보세요.

제시 순서가 바른 것 : (B)

이유 : 국내 저자, 외국 저자의 순으로 배열해야 한다.

3 동일 저자의 동일 연도 성과가 2편 이상 있을 때 목록의 작성 방법으로 적절한 것을 A~D에서 모두 고르세요.

작성 방법이 적절한 것 : B, C

이유 : 동일 저자의 동일 연도 성과를 구분할 때 일반적으로 알파벳 소문자(a, b, c......)나 한글 자음(ㄱ, ㄴ, ㄷ......)을 사용한다.

4 다음 자료를 참고 문헌 배열 순서에 맞게 목록을 작성해 보세요.

박석준(2008), 국내 대학의 학문 목적 한국어 교육 현황 분석 −입학 후 과정을 중심으로−, 한국어 교육, 19-3, 국제한국어교육학회, 1쪽−32쪽.

오문경(2013), 한류 콘텐츠를 활용한 한국어 국외 보급 정책 연구 : 한류 기반 잠재적 학습자를 대상으로, 한국외국어대학교 박사학위논문.

윤용섭(1997), 지방자치단체의 국제교류 내실화 방안: −경상북도의 해외자매결연 지역을 중심으로, 국제학논총, 2, 203쪽−224쪽.

정정숙(2012), 국제문화교류 진흥방안, 한국문화관광연구원.

조태린(2011), 국가 브랜드와 한국어 교육 정책 : '세종학당' 공동 브랜드화 사업을 중심으로, 한글294, 한글학회, 199쪽−224쪽.

최정순(2006), 학문 목적 한국어 교육의 교육과정과 평가, 이중언어학31, 이중언어학회, 277쪽−313쪽.

한국국제교류재단(2016), 2016년 지구촌 한류현황(E-BOOK), 한국국제교류재단.

한재영·윤희원·서혁(2001), 21세기 해외한국학 진흥 및 국제교류 활성화 방안 연구, 한국어교육12-2, 255쪽−282쪽.

Practice 16 참고문헌 목록 작성 연습
참고문헌 만드는 데도 연습이 필요하다고요?

생각해보기 p.91

1 다음은 참고문헌 목록을 작성할 때 필요한 정보일까요 불필요한 정보일까요? 선택해 보세요.

1) 학위수여 기관 　☑ 필요하다　☐ 필요하지 않다
2) 단행본의 가격 　☐ 필요하다　☑ 필요하지 않다
3) 저자명 　☑ 필요하다　☐ 필요하지 않다
4) 출간 연도 　☑ 필요하다　☐ 필요하지 않다
5) 논문이 게재된 학술지명 　☑ 필요하다　☐ 필요하지 않다
6) 단행본의 사이즈와 디자인 　☐ 필요하다　☑ 필요하지 않다

연습하기 p.94~97

1 필수 서지정보를 찾아 참고문헌 목록 작성의 형식에 맞추어 써 보세요.

1) 조윤정(2017), 한국어 고급 학습자들의 확장형 읽기를 위한 현대 단편 소설 선정 연구, 고려대 석사학위논문.
2) 고검지(2017), 한국의료패널로 본 간병이용과 영향요인, 경희대 석사학위논문.
3) 신희건(2013), 학령기 후기 아동의 삶의 질 측정도구 개발, 연세대 박사학위논문.
4) 임형백(2009), 한국과 서구의 다문화 사회의 차이와 정책 비교, 다문화사회연구 2-1, 숙명여대, 161쪽-192쪽.
5) 이호규(2013), 한류예술산업의 세계화 동향과 전망 : K-POP, 국내 배우의 할리우드 진출을 중심으로, 콘텐츠 문화3-1, 문화예술콘텐츠학회, 153쪽-191쪽.
6) 김병년·고은정·최홍일(2013), 대학생의 스마트폰 중독에 영향을 미치는 요인에 관한 연구, 한국청소년연구 24-3, 한국청소년정책연구원, 67쪽-98쪽.

2 자신의 논문 주제 또는 관심 분야와 관련된 참고문헌 목록을 작성해 보세요.

(해설생략)

Practice **17** 논문의 제목
논문 제목 달기에도 규칙이 있어요?

생각해보기 p.100

1 어떤 제목이 좋은 논문 제목이라고 생각합니까? 그 이유는 무엇입니까?
Practice17 〈이해하기〉 참조

2 다음 예시가 논문의 제목으로 적절한지 생각해 보세요. 그리고 그렇게 판단한 이유를 말해보세요.

1) 일반적으로 의문형의 논문 제목은 잘 사용하지 않는다.

2) 논문 제목을 용언의 명사형(-기 또는 -음)으로 끝맺는 것은 적절하지 않다.

3) 논문의 주제에 맞게 제목을 좀 더 구체적으로 작성해야 한다.

4) 구어체 표현은 논문 제목에 사용하지 않는다. 예) -(이)랑

5) 논문의 주제에 맞게 제목을 좀 더 구체적으로 작성해야 한다.

6) 비교적 적절한 논문 제목이다.

7) '최근'이 지칭하는 시점이 명확하지 않다. '~년대'와 같이 특정 시기를 명시해야 한다.

연습하기 p.104~105

1 다음을 적절한 논문 제목으로 바꾸려고 합니다. 수정 방법을 제안해 보세요.

예시	수정 방법 제안
1) 유학생이 생각하고 있는 한국 대학교의 선후배 관계	1) 한국의 대학 선후배 관계에 대한 유학생의 인식
2) 대학원생들이 선호를 하는 강의를 조사함	2) 대학원생들이 선호하는 강의 특성 연구
3) 근력 운동의 중요성과 이것의 방법	3) • 청소년기 근력 운동의 중요성과 운동 방법 • 노년기 근력 운동의 중요성과 운동 방법

2 전공 및 관심 분야의 논문을 찾아 좋은 제목이라 생각되는 것을 5개 이상 써 보세요. 그렇게 판단한 이유를 말해 보세요.

(해설생략)

3 자신만의 논문 제목을 만들어 보세요.

(해설생략)

Practice # 18 부제의 기능
부제를 달까 말까 정하기 어려울 때는요?

💡 생각해보기   p.106

1 맞으면 ○, 틀리면 × 하세요.

1) 모든 논문의 제목에는 부제가 달려 있다. (○ / ×)

2) 부제를 달 때 부호는 어떤 것이든 자유롭게 선택하여 사용할 수 있다. (○ / ×)

3) 부제는 제목의 위에 단다. (○ / ×)

4) 일반적으로 부제를 제목보다 더 크게 강조하여 쓴다. (○ / ×)

5) 부제에는 '~을/를 중심으로', '~을/를 대상으로'와 같은 표현이 자주 쓰인다. (○ / ×)

2 논문 제목과 부제를 바르게 연결해 보세요.

1) 국내 다문화가정의 사회적응 실태 분석 ●   ● 계절별 차이를 중심으로

2) 청소년 스마트폰 중독에 관한 분석 ●   ● 중학교 2학년생을 대상으로

3) 보행에 영향을 미치는 가로환경의 특성 ●   ● 30대 결혼이주여성을 대상으로

┃ 연습하기   p.108~109

1 전공 분야의 최근 학위 논문에서 부제가 달린 논문 목록을 5편 이상 찾아 써 보세요. 그리고 그 부제를 단 이유를 생각해 보세요.

(해설생략)

2 자신이 다음 논문의 필자라고 가정하고 각 제목에 어울리는 부제를 만들어 보세요.

(해설생략)

Practice

19 목차의 형식과 구성
목차를 보면 논문 내용이 보인다고요?

💡 생각해보기   p.110

1 A~D 중에서 목차의 장번호 형식이 적절한 것을 모두 찾아보고 그 이유를 말해 보세요.

적절한 것 : A, B, C

그 이유 : 논문의 목차에는 일반적으로 아라비아 숫자, 영어 대문자, 로마자 숫자표기 등을 사용한다.

A	B	C	D
1. 서론	I. 서론	I. 서론	a. 서론
2.	II.	II.	b.
2.1.	1.	A.	ⓐ.
2.2.	2.	B.	ⓑ.
3.	III.	III.	c.
3.1.	1.	A.	ⓐ.
3.2.	2.	B.	ⓑ.
4. 결론	IV. 결론	IV. 결론	d. 결론

2 A~D 중에서 목차의 정렬 형식으로 적절한 것을 모두 찾아보고 그 이유를 말해 보세요.

적절한 것 : B, C

그 이유 : 목차의 층위가 낮을수록 들여쓰기를 한다.

A	B	C	D
1. 서론	I. 서론	1. 서론	I. 서론
2.	II.	2.	II.
2.1.	1.	2.1.	1.
2.2.	2.	2.2.	2.
3.	III.	3.	III.
3.1.	1.	3.1.	1.
3.2.	2.	3.2.	2.
4. 결론	IV. 결론	4. 결론	IV. 결론

연습하기   p.114~115

1 자신이 소속된 학교의 최신의 석사학위 논문 1편을 찾아 실제 내용 목차와 목차에 표시된 것에 차이가 있는 부분을 찾아보세요. 그 일부를 옮겨 써 보세요. (목차 번호, 들여쓰기를 그대로 옮겨 보세요)

(해설생략)

2 자신이 소속된 학교의 최신의 박사학위 논문 1편을 찾아 실제 내용 목차와 목차에 표시된 것에 차이가 있는 부분을 찾아보세요. 그 일부를 옮겨 써 보세요. (목차 번호, 들여쓰기를 그대로 옮겨 보세요)

(해설생략)

Practice **20** 연구계획서란?
연구계획서를 언제 왜 써요?

💡 생각해보기 p.118

1 맞으면 ○, 틀리면 × 하세요.
1) 연구계획서는 논문을 모두 완성한 뒤에 작성하는 것이다. (○ / ×)
2) 연구 주제는 바뀔 수도 있으므로 연구계획서는 구체적으로 작성하지 않는 것이 좋다. (○ / ×)
3) 연구계획서도 논문과 함께 공개되는 글이다. (○ / ×)
4) 연구계획서에는 연구의 목적, 내용, 방법, 의의 등이 포함된다. (○ / ×)

2 A와 C중에서 연구계획서의 일부에 해당하는 것을 찾아보세요. 그렇게 판단한 이유를 말해 보세요.

연구계획서 : B

이유 : 연구계획서는 본격적인 연구 수행의 이전 단계에 작성하는 것이므로 연구 결과에 대해 언급될 수 없다. A에는 "앞서 ~를 확인하였다", C에는 "~했다는 점에서 의의가 있다"와 같이 결과에 대한 기술이 포함되어 있으므로 연구계획서라 보기 어렵다.

연습하기 p.120

1 유튜브(www.youtube.com) 채널에 접속하여 '연구계획서' 관련 강의 영상을 시청해 봅시다. '연구계획서'로 검색하면 다수의 영상을 찾을 수 있습니다.
(해설생략)

2 소속 학교의 전공 선후배들을 통해 연구계획서 샘플을 3편 이상 구해서 읽어봅시다.
(해설생략)

Practice **21** 연구계획서의 구성과 내용
연구계획서에는 어떤 내용을 어떻게 써요?

1 다음 중 연구계획서에 들어갈 내용으로 적합하다고 생각하는 것에 표시(✓)하세요. 그 이유는 무엇입니까?

✓ 연구 목적	✓ 연구 필요성	✓ 연구의 의의
✓ 연구 방법	✓ 연구 내용	☐ 연구의 한계
☐ 연구 결과 요약	☐ 후속 연구에 대한 제언	✓ 연구 절차

이유 : 연구계획서는 앞으로 이루어질 연구 수행에 대한 구체적인 계획을 소개하는 글이므로 '연구의 한계, 연구 결과 요약, 후속 연구에 대한 제언'은 하기 어렵다.

2 다음 중 연구계획서에서 볼 수 있는 문장으로 맞는 것을 찾아보세요. 그렇게 생각한 이유는 무엇입니까?

1) 이 논문의 목적은 중국어권 학습자의 문법 오류의 양상을 밝히는 것이었다. (○ / ✗)
2) 이 글의 목적은 중국어권 학습자의 문법 오류의 양상을 밝히는 것이다. (○ / ✗)
3) 이 연구는 한국어 연결어미 가운데에서도 특히 '원인' 표현의 의미와 기능에 주목하고자 한다. (○ / ✗)
4) 지금까지 이 연구에서는 한국어 연결어미 가운데 '이유' 표현의 의미와 기능을 살펴보았다. (○ / ✗)
5) 학습자 언어에 대한 보다 세부적인 논의는 향후 연구 과제로 남긴다.(○ / ✗)
6) 본고에서는 한정된 자료를 분석 대상으로 삼았으므로 본고의 결과를 일반화하기는 어려울 것이다. (○ / ✗)

1 자신이 소속된 학교의 연구계획서 양식을 찾아 연구계획서의 구성과 형식을 살펴봅시다.
(해설생략)

2 자신의 논문을 위한 연구계획서를 작성하려고 합니다. 연구계획서를 쓰기 위해 무엇을 어떤 순서로 진행할지 구상해 보십시오. 연구계획서 작성 경험이 있는 선후배에게 조언을 구하는 것도 좋은 방법입니다.

(해설생략)

3 자신이 연구계획서를 쓴다면 다음을 어떤 순서로 배열하고 싶습니까? 순서대로 써 보세요. 다른 구성을 추가해도 좋습니다.

(해설생략)

Practice **22** 연구계획서의 표현
연구계획서에 자주 쓰이는 표현이 있다고요?

💡 **생각해보기** p.126

1 맞으면 ○, 틀리면 × 하세요.
1) 연구계획서에 자주 쓰이는 표현을 알아두면 연구계획서 작성에 도움이 된다. (○ / ×)
2) 연구계획서는 연구 수행 전에 쓰는 것이므로 연구결과에 대해서는 쓸 수 없다. (○ / ×)
3) 연구계획서는 길게 쓸수록 좋다. (○ / ×)

2 연구계획서의 '구성'과 '표현'을 알맞게 연결해 보세요.

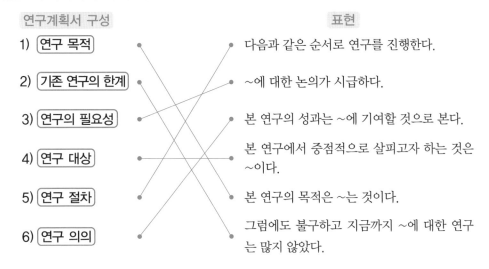

연구계획서 구성

표현

1) 연구 목적

2) 기존 연구의 한계

3) 연구의 필요성

4) 연구 대상

5) 연구 절차

6) 연구 의의

다음과 같은 순서로 연구를 진행한다.

~에 대한 논의가 시급하다.

본 연구의 성과는 ~에 기여할 것으로 본다.

본 연구에서 중점적으로 살피고자 하는 것은 ~이다.

본 연구의 목적은 ~는 것이다.

그럼에도 불구하고 지금까지 ~에 대한 연구는 많지 않았다.

1 다음 연구계획서를 읽고 질문에 답하세요.

① 이 연구의 목적은 예비 한국어 교사가 학습자의 문법 능력을 평가하는 과정에서 나타나는 다양한 양상을 파악함으로써 한국어 교사 교육을 위한 함의점을 논하고 기초 자료를 구축하는 데 있다.

언어 교육의 관점에서 광의의 평가란 '학습자가 목표 언어에 얼마나 숙달되었는가를 측정하여 추론하는 모든 행위'를 가리키며, 협의의 평가는 '시험'과 같이 도구적 성격이 강조되는 의미로도 불린다. 이 연구에서는 넓은 의미의 평가를 전제로 하여, 한국어 교수·학습의 과정 전반에서 학습자의 문법 능력에 대한 예비 한국어 교사의 평가 양상에 초점을 두고 논의를 전개하고자 한다.

이 연구에서 예비 한국어 교사의 문법 평가 양상에 관심을 둔 것은, 예비 한국어 교사에게는 한국어 문법을 체계적이고 효율적으로 교수하는 것 이상으로 학습자가 가진 문법 능력을 제대로 파악하는 역량이 필수적이라고 보았기 때문이다. ② 그러나 기존의 한국어 문법 교육 관련 선행 연구를 살펴보면 문법을 '어떤 원리로', '무엇을' '어떻게' 가르칠 것인가에 관해서는 많은 성과가 축적되어 온 것에 반해 예비 한국어 교사의 문법 평가 능력에 대한 논의는 미미했다.

③ 기학습한 문법을 학습자가 내면화하여 한국어 의사소통능력 제고로까지 이어지도록 하기 위해서는 한국어 교육 현장의 교사가 학습자의 문법 능력과 그 변화 모습을 수시로 관찰하고 판단하여 적재적소에 후속 교육의 내용과 방법을 마련할 수 있어야 한다. 이는 예비 한국어 교사를 위한 교육의 범주에서 문법 교육론이 다루어질 때, 특히 문법 교육의 '실제' 부분에서 한국어 학습자의 문법 능력을 예비 교사가 관찰·분석해 보는 체계적인 훈련까지 고려되어야 함을 시사한다고 할 수 있다.

이에 이 연구에서는 교사 교육을 위한 기초 자료 구축의 필요성 인식을 출발점으로 하여 예비 한국어 교사의 문법 평가에서 나타나는 양상을 고찰하고자 한다. ④ 이를 위해 국내외 문헌 분석, 예비 한국어 교사 대상의 실험 연구와 그 결과에 대한 논의, 전반적인 특징의 유형화 등의 연구 방법과 절차가 병행될 것이다.

1) ①~④ 가운데 연구 목적에 해당하는 것은?   (①)
2) ①~④ 가운데 문제 제기에 해당하는 것은?   (②)
3) ①~④ 가운데 연구의 필요성에 해당하는 것은?   (③)
4) ①~④ 가운데 연구의 방법을 언급한 것은?   (④)

2 자신의 관심 주제를 넣어 연구 목적을 기술하는 문장을 세 가지 방법으로 써 보세요.
(해설생략)

Practice **23** ## 선행 연구 검토
선행 연구를 왜 어떻게 검토해요?

💡 생각해보기   p.132

1 다음을 읽고 자신의 생각을 말해 보세요.
Practice23 〈이해하기〉 참조

연습하기   p.134~137

1 소논문 1편을 선정하여 다음을 참고로 선행 연구 검토를 해 보세요.
(해설생략)

Practice **24** ## 선행 연구 기술의 기능
선행 연구 활용이 논문에서 특별한 기능을 한다고요?

💡 생각해보기   p.138

1 다음 중 선행 연구 기술에 해당하는 것에 표시(✔)해 보세요.
1) 주요 성과의 확인   ✔
2) 연구의 필요성에 대한 근거 찾기   ✔
3) 기존 연구의 동향 파악   ✔
4) 앞선 연구에 대한 무조건적인 비판   ☐

연습하기   p.142~143

1 관심 분야의 선행 연구 3편 이상을 읽고 다음에 해당하는 곳을 찾아 써보세요.
(해설생략)

_{Practice} **25** **인용의 유형**
인용에도 여러 가지 유형이 있다고요?

🔆 생각해보기 p.146

1 다음 중 맞는 것을 골라 문장을 완성하세요.
  1) 논문에서 인용은 (**필수적이다** / 선택적이다).
  2) 좋은 인용은 논문의 필자가 자신의 주장을 뒷받침하는 데 (**도움이 된다** / 도움이 되지 않는다).
  3) 인용할 때는 다른 글에서 가져온 내용과 논문의 필자가 쓴 부분이 (**명확히 구분되도록 해야 한다** / 구분되지 않아도 된다).

연습하기 p.149

1 다음에서 필자의 의견이 드러난 부분에 밑줄을 그어 보세요.

> '한류'와 '한국어'를 키워드로 삼은 성과도 2005년 이후 급격히 증가하는 양상을 보인다. 박사학위논문인 교춘언(2011), 오문경(2013), 석사학위논문인 나카무라마유(2012), 김경미(2007), 남애리(2007), 두위(2007), 한유석(2005) 등을 비롯하여 그간 발표된 소논문을 통해서도 <u>한류와 한국어가 매우 밀접한 관계로 인식되고 있음</u>을 알 수 있다

2 논문에서 인용된 부분을 찾아 다음을 구분해 보세요.
  (해설생략)

인용할지 말지를 어떻게 결정해요?

🔆 생각해보기 p.150

1 맞는 것을 고르세요

1) 어떤 사실에 대해 내가 생각한 것이 아니라면 원칙적으로 (인용해야 한다 / 인용하지 않아도 된다).

2) 어떤 사실이 일반적인 상식에 해당하는 것이라면 (인용해야 한다 / 인용하지 않아도 된다).

연습하기 p.152

1 다음의 내용에 대해 인용해야 한다고 생각합니까? 인용하지 않아도 된다고 생각합니까? 그 이유는 무엇입니까?

1) "석사나 박사 학위를 취득하기 위해서는 졸업 논문을 써야 한다."

　☐ 인용한다　　　　　✔ 인용하지 않는다

　이유 : 일반적인 상식에 해당한다.

2) "국어 사전의 표제어는 가나다 순으로 배열되어 있다."

　☐ 인용한다　　　　　✔ 인용하지 않는다

　이유 : 일반적인 상식에 해당한다.

3) "물은 100도에서 끓기 시작한다."

　☐ 인용한다　　　　　✔ 인용하지 않는다

　이유 : 일반적인 상식에 해당한다.

27 인용의 양과 질
인용이 많을수록 좋은 걸까요?

💡 생각해보기   p.153

1 맞는 것을 고르세요.

1) 출처를 명확히 밝히고 인용의 형식을 잘 준수한다면 논문의 대부분이 인용으로 채워져도 무관하다. (O / ×)

2) 다른 자료에서 핵심적인 아이디어를 가져와서 논문을 썼다. 이 경우에도 인용만 잘하면 크게 문제되지 않는다. (O / ×)

📋 연습하기   p.154

1 해당하는 것을 고르세요.

1) (양적 주종관계 / **질적 주종관계**) 위반이다.

2) (**양적 주종관계** / 질적 주종관계) 위반이다.

Practice **28** 출처 표시 방법
출처를 나타내는 방법이 한 가지가 아니라고요?

💡 생각해보기   p.156

1 다음 A~E의 사례에서 자료의 출처 표시가 된 부분을 모두 찾아 밑줄을 그어 보세요. 각 출처 표시의 차이점과 공통점은 무엇인지 말해 보세요.

Practice28 〈이해하기〉 참조

📋 연습하기   p.160

1 관심 분야의 논문 3편을 선정하여 출처 표시 부분을 살펴보세요. 내각주와 외각주 사례를 찾아 비교해 보세요.

(해설생략)

29 출처 표시 위치
인용한 자료의 출처는 어디에 표시해요?

생각해보기 p.161

1 맞는 것을 고르세요.

1) 내각주의 출처 표시는 문장이 시작될 때 하는 것이 원칙이다.(○ / ✕)

2) 내각주로 출처 표시를 할 때는 저자, 연도 정보가 반드시 필요하다. (○ / ✕)

3) 내각주의 출처 표시의 위치는 비교적 자유롭다. (○ / ✕)

2 맞는 것을 고르세요.

1) 외각주의 번호는 인용이 (시작되는 / 끝나는) 부분에 붙이는 것이 원칙이다.

2) 본문 텍스트 내에서는 다루지 않더라도 어떤 내용에 대한 보충 설명이 필요하거나 독자에게 더 풍부한 정보를 제공하고자 할 때는 (본문주 / 외각주)를 활용할 수 있다.

연습하기 p.165~166

1 다음과 같은 내용을 문장 속에 인용하고자 한다. 세 가지 방식의 출처 표시 방법을 활용해 보자.

	인용할 내용	청소년의 학교폭력에 대한 연구 : 가상준·김강민·임재형(2013), 조종태(2013), 최믿음 외(2012)
문장에서 출처 표시의 위치	처음	☞ 가상준·김강민·임재형(2013), 조종태(2013), 최믿음 외(2012)에서는 청소년의 학교폭력에 대해 논하였다. ☞ 가상준·김강민·임재형(2013), 조종태(2013), 최믿음 외(2012)는 청소년의 학교폭력을 중점적으로 살핀 연구이다.
	중간	☞ 청소년의 학교폭력에 대한 연구로 가상준·김강민·임재형(2013), 조종태(2013), 최믿음 외(2012) 등을 들 수 있다. ☞ 청소년의 학교폭력을 다룬 연구로 가상준·김강민·임재형(2013), 조종태(2013), 최믿음 외(2012) 등이 있다.
	끝	☞ 최근 청소년의 학교폭력에 대한 연구가 증가하고 있다(가상준·김강민·임재, 2013; 조종태, 2013; 최믿음 외, 2012). ☞ 청소년의 학교폭력에 대한 사회적 문제가 심각해짐에 따라 이에 대한 논의도 활발해지고 있는 추세이다(가상준·김강민·임재, 2013; 조종태, 2013; 최믿음 외, 2012).

2 다음의 예에서 출처가 표시된 위치를 비교하면서 그 차이점을 이야기해 보자.

A.

'선행 연구'는 학술텍스트의 시작점이자 도달점에서 빼놓을 수 없는 것으로(김성숙:2013), 앞서 이루어진 연구 성과를 통칭하는 개념이라 할 수 있다. '선행 연구' 이외에도 '앞선 연구', '기존 논의', '기존 성과' 등으로도 다양하게 불린다.

B.

필자의 글과 연관성과 긴밀성이 떨어지는 단지 몇 편의 선행 연구에 기대어 내용을 기계적으로 옮겨오는 일, 글의 대부분이 선행 연구로 채워지고 필자의 관점이 전혀 드러나지 않는 일, 여러 선행 연구에서 가져온 내용들이 유기성 없이 단순히 나열되는 일 등이 대표적인 예이다(최은지,2009; 이인영,2011; 이윤진,2012).

A. 문장의 중간에 출처가 표시된 사례이다.
B. 문장의 끝에 출처가 표시된 사례이다.

3 출처 표시 위치에 따른 예를 찾아보자.
(해설생략)

Practice **30** 논문 작성과 글쓰기 윤리
글쓰기 윤리 준수가 좋은 논문 쓰기의 기본이라고요?

> 💡 생각해보기   p.168

1 글쓰기 윤리의 준수 여부를 판단해 보세요.
  1) 논문 작성 과정에서 인터뷰를 실시한 후 인터뷰 대상을 실제보다 조금 늘려서 표시하였다. 자료의 변조는 표절이다. (○ / ×)
  2) 기초 자료 수집을 위해 현장 조사를 다녀왔다. 하지만 사전에 치밀한 계획을 세웠음에도 현지 사정으로 인해 미처 조사하지 못한 것이 생겼다. 이에 논문에 각주를 달아 처음 계획과 실제 활동 내용에서 차이가 발생한 이유를 구체적으로 밝혔다. (○ / ×)
  3) 논문 작성의 과정에서 다른 사람으로부터 얻은 아이디어에 대해서는 그 출처를 명시할 필요가 없다. (○ / ×)

4) 논문 작성 과정에서 여러 편의 선행 연구를 읽으면서 필요한 내용을 정리해 두었다. 깜빡 잊고 출처 정보를 써 두지 않은 자료가 있음을 깨닫고 해당 자료를 다시 찾았지만 발견할 수 없었다. 할 수 없이 논문에는 '어떤 자료에 따르면 ～'이라는 문구를 붙였다. (O / ×)

5) 참고문헌 목록을 작성하던 중 실제로 참고한 자료의 수가 너무 빈약하다는 것을 깨달았다. 참고하지는 않았지만 논문의 키워드가 비슷한 논문을 더 찾아 넣어서 최종 목록을 완성했다. (O / ×)

연습하기 p.170

1 연구윤리서약서 샘플을 찾아 읽어보세요. 어떤 내용이 있으며 자신이 특히 주의해야 할 것은 무엇인지 말해보세요.
(해설생략)

Practice **31** 기존 논문과 유사도 확인
다른 논문과의 유사도를 알고 싶을 때는요?

생각해보기 p.171

1 맞으면 ○, 틀리면 × 하세요.
1) 유사도 검사를 함으로써 자신의 논문에서 출처가 누락된 부분을 발견할 수 있다. (O / ×)
2) 유사도 검사의 수치는 매우 믿을 만한 것이므로 이것만으로 표절 여부를 판단할 수 있다. (O / ×)

연습하기 p.176

1 유사도 검사를 직접 해 봅시다. 자신의 논문 초고 또는 다른 글쓰기 파일을 활용해도 좋습니다.
(해설생략)

논문 작성 연습
Check List

논문 작성 연습 Check List

논문 연습	제목	공부한 날 ①	공부한 날 ②	메모
Practice 01	논문이란?			
Practice 02	학위논문			
Practice 03	학위논문과 소논문			
Practice 04	논문의 구성 체제			
Practice 05	논문의 분량			
Practice 06	논문의 문장과 어휘			
Practice 07	체제별 내용 구성과 표현			
Practice 08	학술자료와 비학술자료			
Practice 09	학술자료 탐색			
Practice 10	선행 연구 목록 작성			
Practice 11	최신 학술자료의 자동 알림 설정			
Practice 12	참고문헌의 중요성			
Practice 13	참고문헌의 자료 유형			
Practice 14	참고문헌의 일관성과 다양성			
Practice 15	참고문헌의 배열 순서			
Practice 16	참고문헌 목록 작성 연습			

논문 연습	제목	공부한 날①	공부한 날②	메모
Practice 17	논문의 제목			
Practice 18	부제의 기능			
Practice 19	목차의 형식과 구성			
Practice 20	연구계획서란?			
Practice 21	연구계획서의 구성과 내용			
Practice 22	연구계획서의 표현			
Practice 23	선행 연구 검토			
Practice 24	선행 연구 기술의 기능			
Practice 25	인용의 유형			
Practice 26	인용 여부의 결정 기준			
Practice 27	인용의 양과 질			
Practice 28	출처 표시 방법			
Practice 29	출처 표시 위치			
Practice 30	논문 작성과 글쓰기 윤리			
Practice 31	기존 논문과 유사도 확인			

생애 첫 논문 완성을 위한 **31가지**
논문 작성 연습

1판 1쇄 발행   2019년 5월 30일
1판 2쇄 발행   2020년 3월 6일
2판 1쇄 발행   2021년 3월 5일
2판 2쇄 발행   2021년 6월 10일
2판 3쇄 발행   2022년 8월 10일
2판 4쇄 발행   2024년 3월 20일

지 은 이 | 이윤진
펴 낸 이 | 김진수
펴 낸 곳 | 한국문화사
등   록 | 제1994-9호
주   소 | 서울시 성동구 아차산로49, 404호 (성수동1가, 서울숲코오롱디지털타워3차)
전   화 | 02-464-7708
팩   스 | 02-499-0846
이 메 일 | hkm7708@daum.net
홈페이지 | http://hph.co.kr

ISBN   978-89-6817-295-3   93710

오류를 발견하셨다면 이메일이나 홈페이지를 통해 제보해주세요.
소중한 의견을 모아 더 좋은 책을 만들겠습니다.